8°S
1539

I0083128

LE CONSEILLER

DE

LA CHAUMIÈRE

PAR

B. A. FOUSSET,

ANCIEN MEMBRE DE L'UNIVERSITÉ,

Ancien Professeur à l'École Normale d'Orléans.

—

Deuxième Édition.

—

SEUL DÉPÔT CHEZ L'AUTEUR,

Orléans, rue des Chats-Ferrés, 4.

—

1879.

S
539

LE CONSEILLER

DE

LA CHAUMIÈRE

Propriétaires, Fermiers, Domestiques surtout,
Conseillers municipaux :
tous sont intéressés à lire cet ouvrage.

LE CONSEILLER

DE

LA CHAUMIÈRE

PAR

B. A. FOUSSET,

ANCIEN MEMBRE DE L'UNIVERSITÉ,

Ancien Professeur à l'École Normale d'Orléans.

BIBLIOTHÈQUE NATIONALE IMPRIMÉS

ORLÉANS

IMPRIMERIE ET LITHOGRAPHIE E. CHENU,

Rue Croix-de-Bois, 21.

1879.

A LA MÉMOIRE

DE

M. COSTÉ DE BAGNEAUX.

ÉPITRE DÉDICATOIRE

A Son Excellence Monsieur le Ministre de l'Agriculture.

MONSIEUR LE MINISTRE,

Le labourage et le pâturage, a dit il y a long-temps l'un de nos grands Ministres, sont les deux mamelles qui nourrissent la France. Ce principe n'a rien perdu de sa force : on reconnaît là une vérité de tous les temps.

Mais aujourd'hui que d'obstacles ! Nous n'en signalerons qu'un : c'est le manque de bras oc-casionné par l'émigration de la campagne en ville. Elle tuera l'Agriculture, si l'on ne fait de puissants efforts pour empêcher cette émigration.

Tel est, Monsieur le Ministre, le louable but que nous nous sommes proposé en composant cet opuscule, que le Comice agricole tenu à Beaugency le 29 juin 1879, a récompensé d'une médaille d'argent. Il est court, parce que nous voulons qu'il soit lu ; il est pratique, parce que nous voulons qu'il soit utile ; il est écrit simplement, parce que nous voulons qu'il soit compris ; il ne s'adresse qu'aux habitants des chaumières, parce que eux seuls sont les ouvriers de l'Agriculture.

Ce petit ouvrage, sans importance apparente, est, aux yeux des personnes expérimentées, d'une utilité incontestable et peut avoir, avec l'appui de votre autorité, des résultats immenses.

Aussi nous a-t-il paru essentiel de le dédier au Ministre de l'Agriculture et de le mettre sous son puissant patronage. Nous nous estimerons heureux s'il est bien accueilli et recommandé à tous les Préfets comme livre de lecture dans toutes nos écoles rurales, et comme livre de récompense dans tous les Comices.

Ce sera le comble de la satisfaction pour un vieux professeur qui compte 53 ans d'exercice dans l'enseignement.

B.-A. FOUSSET.

Orléans.

AVANT-PROPOS.

Né à la campagne et tourmenté sans cesse du regret, nous dirons presque du remords de l'avoir quittée, nous voulons, avant de mourir, donner de salutaires conseils à ceux qui n'ont point encore déserté la chaumière, afin de les y retenir et de les empêcher de courir après le malheur.

En composant ce petit livre, nous n'avons point eu la prétention de faire un ouvrage d'agriculture. De pareils ouvrages abondent de nos jours : de savants agronomes se sont appliqués à mettre leur science à la portée de tout le monde ; nous les avons lus, et leurs lumières nous ont été grandement utiles. Ce qui doit donner une grande autorité à notre travail, c'est qu'il n'est que le résumé très-succinct de leur saine doctrine.

Nous ne nous sommes proposé qu'un but, savoir : de démontrer combien les ouvriers de la campagne sont heureux en comparaison de ceux des villes. Nous ne nous sommes occupé que de la chaumière et du bien-être de ses habitants. Nous avons cru devoir entrer dans les plus petits détails de tout ce qui peut augmenter leur aisance et contribuer à les rendre heureux. Nous avons mis de côté la grande culture, le laboureur proprement dit ; ce livre ne s'adresse qu'à cette classe intéressante de serviteurs de ferme ayant eux-mêmes un petit faire-valoir qui leur permet d'avoir au moins une vache, et au plus deux. Nous nous sommes fait un devoir de conscience de les éclairer dans la direction qu'ils doivent suivre dans leur petite culture. Tout ce qu'il y a pour eux d'intéressant à connaître, relativement à leurs vaches, à leurs porcs, à leur basse-cour, à l'hygiène des personnes et des animaux domestiques, leur est enseigné dans ce petit volume.

Nous espérons, dans un autre ouvrage, traiter la partie agricole proprement dite, parce que nous nous adresserons alors à la grande culture ; mais cette partie ne nous semble que d'une utilité très-secondaire, puisque aujourd'hui chaque département a son professeur d'agriculture, homme véritablement compétent, et que tous ceux qui veulent rompre avec la routine et désirent s'instruire, doivent s'empresser d'entendre donnant ses leçons utiles et intéressantes tout à la fois.

LIVRE IER.

CHAPITRE Ier.

COMPARAISON DE LA VILLE ET DE LA CAMPAGNE.

Le malheur est à la ville, le bonheur est à la campagne.

Pour établir cette vérité d'une manière irréfutable, et pour la faire briller de toutes les lumières de l'évidence, il suffit de décrire la triste position, ou plutôt la misère profonde où gémissent la plupart des ouvriers qui habitent la ville, et de la mettre en parallèle avec la position des ouvriers de la campagne : c'est ce que nous allons faire, sans rien exagérer.

Autrefois les habitants des campagnes fréquentaient peu les villes : ils n'y allaient qu'une fois ou deux, et bien souvent jamais dans le cours de leur vie ; alors l'agriculture ne manquait pas

de bras ; les jeunes filles et les jeunes gens restaient dans les fermes à servir fidèlement leurs
maîtres et leurs maîtresses. Les cœurs étaient
innocents, parce qu'ils étaient sans ambition, sans
convoitise ; les mœurs étaient pures, parce que
la jeunesse n'avait jamais senti, jamais éprouvé
le contact de la corruption et de l'immoralité des
villes ; on observait ses devoirs religieux : la famille était chrétienne.

Si dans ces heureux temps, de regrettable mé-
moire, quelques jeunes filles quittaient leurs hameaux, c'était pour se mettre, ou plutôt se dévouer
au service de quelques riches propriétaires qui ve-
naient dans leurs châteaux passer à la campagne
les beaux jours de l'été. Elles restaient longtemps
chez ces bons maîtres ; c'était pour la vie : voilà
ce qui se passait encore il y a quarante ans. Age
d'or, âge d'innocence, vous n'êtes plus, vous avez
fui ! reviendrez-vous jamais ?

Si quelques jeunes gens s'arrachaient aux délices de la vie champêtre, c'était pour être cochers
chez ces mêmes châtelains ; on les voyait pleurer
en quittant la famille et la chaumière : c'était
pour eux un véritable sacrifice ; et en s'éloignant
ils regardaient souvent derrière eux pour voir une
dernière fois le hameau chéri, le clocher qui fuyait.
O jeunes gens du temps passé, vous avez connu

le vrai bonheur ; ceux d'aujourd'hui ne le goûteront jamais ! Ils restaient constamment chez ces mêmes châtelains, se mariaient avec les domestiques, et la nouvelle famille faisait en quelque sorte partie de la famille du maître. Ce dernier en mourant n'oubliait jamais dans son testament ses serviteurs fidèles.

Les domestiques à leur tour ne perdaient pas le souvenir de leurs bons parents : ils envoyaient des secours d'argent pour leur venir en aide dans leurs vieux jours. Voilà l'histoire du passé, voyons maintenant celle du présent.

Aujourd'hui, les chemins de fer ont établi des communications faciles entre les villes et les campagnes : chaque village est devenu le faubourg d'une ville ; les distances sont effacées, et les habitants des campagnes viennent souvent en ville. Ils y voient un luxe incroyable, des toilettes extraordinaires, des domestiques en riches livrées, des boutiques magnifiques, des magasins somptueux ; l'or, les pierreries, les bijoux brillent aux yeux des passants, éblouissent leurs regards et excitent leur convoitise. On en conclut que la ville est le séjour de l'aisance, de la fortune et du bonheur. Hélas ! on a bien tort : tout ce luxe qui nous séduit, toutes ces merveilles de l'industrie et des arts cachent bien des soucis et bien des misères. La banqueroute, la hideuse banqueroute est à bien des portes.

Aujourd'hui, les maîtres ne sont plus ce qu'ils étaient autrefois ; il y en a sans doute encore de bons, mais ils deviennent de plus en plus rares, et nous ajouterons que ceux-là gardent toujours les mêmes serviteurs.

Vous, jeunes filles, qui brûlez du désir de servir en ville, dans l'espérance de gagner davantage, et peut-être aussi de changer de costume et d'avoir une brillante toilette, où voulez-vous donc vous placer ? Dans un magasin ? mais là vingt commis effrontés déclareront la guerre à votre innocence ; est-ce une situation tolérable pour des filles honnêtes ? Dans une fabrique ? mais la corruption la plus scandaleuse, la plus effrénée règne dans ces établissements et vous fera rougir ; ne finira-t-elle pas par infecter vos cœurs encore purs ; ah ! sauvez votre innocence, et n'allez pas dans ces maisons infectes, si vous voulez conserver le bonheur. Dans un café ? mais vous y courrez les mêmes dangers, et vous succomberez d'autant plus aisément que le vice y prend des formes plus insidieuses et plus polies. Dans une auberge ? mais dans ces sortes d'établissements, l'ivrognerie et la grossièreté brutale vous harcelleront sans cesse ; il y faut soutenir une lutte quotidienne et acharnée, serez-vous les plus fortes? Dans un hôtel? là le commis-voyageur, ce fanfaron du libertinage, vous tiendra les propos les plus obscènes, ira vous chercher quand vous ferez sa chambre, vous sonnera quand il n'aura pas besoin de vous; si vous y restez, vous êtes perdues; si vous avez encore un peu d'honneur, vous n'y serez pas quinze jours. Vous irez de maison en maison, de placeur en placeur qui vous retiendra quelques francs, et vous verrez à la fin de l'année s'il vous en reste plus qu'à la campagne. Vous finirez par l'hôpital; à Dieu ne plaise que vous ne finissiez encore plus mal, et que vous ne fassiez mourir de chagrin un père et une mère qui vous ont tant aimées! Ah! jeunes filles, toutes les personnes de bons conseils et d'expérience vous diront: Ne quittez pas la campagne.

Adressons-nous maintenant aux jeunes gens, et disons-leur: Que viendrez-vous faire en ville? Vous serez cochers, vous conduirez Monsieur et Madame au théâtre, en soirées, aux bals, aux concerts; vous attendrez dehors, sur la banquette de votre voiture, par la neige, par le froid, grelottants, transis. Grand Dieu! quelle existence! Mais vous voulez être hommes de peine? eh bien! soit! vous passerez de longues journées à porter de lourds fardeaux, sans voir un seul homme qui se dise votre ami ; pour un rien vous serez renvoyés ; où irez-vous? car ces places sont rares en ville. Si vous tombez malades, il vous faudra rester seuls dans votre triste garni ; qui vous soignera ? Vous n'aurez plus là vos bons parents, vos excellentes mères ; car ici je ne parle que des jeunes gens non mariés.

Admettons que vous soyez employés dans quelque grande fabrique, dans une usine importante ; vous vous pervertirez bientôt au contact impur de tous ces gens-là. Le chômage est fréquent, les machines s'usent ou se brisent ; il faut attendre ; le travail est suspendu, on ne gagne rien et cependant il faut vivre ; vous verrez votre gain à la fin de l'année, il sera bien minime, heureux encore si vous n'avez pas contracté de dettes !

Les ouvriers supérieurs à vous font le lundi ou sont malades, tous les employés qui dépendent d'eux, sont forcément contraints au repos ; il faut attendre ; mais l'estomac n'attend pas : il faut manger. A quoi vous servira de gagner 50 centimes ou 1 franc de plus par jour en ville qu'à la campagne, si au bout de l'année il vous reste moins? Disons plus : par la fréquentation de tous ces mauvais sujets, vous deviendrez comme eux, vous ferez le lundi, et dans ce jour funeste vous dépenserez aisément l'argent que vous aurez péniblement gagné pendant la semaine ; vous oublierez vos devoirs, l'habitude fera de vous des débauchés, et si vous êtes mariés, vous rentrerez chez vous au milieu d'une famille en pleurs vous demandant du pain et des vêtements. Si vous n'avez pas encore perdu tout sentiment d'honneur, toute conscience de vos devoirs, que direz-vous ? que penserez-vous ? Quelle triste situation pour un cœur honnête ! Ah ! suivez nos conseils et ne quittez pas la campagne.

Il y a des ouvriers qui, mariés et pères de famille, quittent la campagne pour venir en ville dans l'espérance d'obtenir des secours de la part des nombreuses sociétés de bienfaisance établies dans les villes : telles que société de St-Vincent-de-Paul, société de Secours mutuels, Dames des pauvres, Dames patronnesses, etc, etc. Insensés ! que venez-vous faire ? Bientôt vous ressentirez les étreintes de la plus cruelle misère, et vous regretterez amèrement d'avoir quitté votre chaumière.

Disons la vérité, et qu'on ne nous accuse pas de rembrunir exprès le tableau. Visitons ensemble un ménage d'ouvriers en ville. Nous le trouvons dans des rues sales, étroites, sans air et sans soleil. La femme ne peut s'occuper à aucun travail ; ses enfants sont malades faute d'air et de logement sain.

Peut-être la pauvre mère, pour alléger le fardeau de la misère, ira chercher de l'occupation dans une fabrique ; elle y sera sans cesse insultée, son honneur aura sans cesse à rougir. Alors la vie de famille est détruite ; il lui faudra mettre ses tout jeunes enfants à la Crèche, les autres plus âgés iront aux écoles. A la sortie, ils courent dans les rues sans surveillance, quelle triste éducation ! Ils sont corrompus à dix ans.

Quant à ceux qui sont déposés à la Crèche, ils sont bien soignés sans doute ; mais ces tendres enfants oublient leurs mères, ils ne les connaissent plus, ils pleurent et refusent leurs bras : les religieuses sont devenues leurs mères : ils n'en connaissent pas d'autres. La Crèche, comme on le voit, a bien des inconvénients, plus les sœurs montrent de tendresse et de dévoûment, plus elles affaiblissent l'esprit de famille dans les enfants : c'est là une œuvre de philanthropie plutôt que de charité chrétienne. Une mère ne peut pas, ne doit pas quitter ses enfants. La maladie vient-elle éprouver la famille ? Il faudra de toute nécessité aller à l'hôpital : pas d'autres ressources. Les malheureux n'ont pas de quoi se loger : un loyer convenable, passable même, est trop cher ; ils ne pourraient le payer. Quelle affreuse misère ! Quelle détresse désespérante !

N'est-ce pas le cas de répéter encore : malheureux ! pourquoi donc avoir abandonné la campagne? ah! si vous voyiez comme nous, qui les visitons chaque semaine, ces galetas ouverts à tous les vents, ces mansardes inhabitables, vous reculeriez d'horreur; jamais il ne vous viendrait à l'esprit la pensée de vous établir en ville. L'aumône honore et ennoblit celui qui la fait, mais elle humilie presque toujours celui qui la reçoit. L'époux, le père de famille qui a du cœur, qui sent dans l'âme une noble fierté, veut pouvoir suffire par son travail au besoin de sa femme et de ses enfants.

Voilà le triste, mais véritable tableau de la misère de l'ouvrier des villes. Il lui est impossible d'élever une nombreuse famille: le désespoir s'empare de lui, il va oublier son devoir et s'étourdir dans l'intempérance et les orgies du cabaret.

La mère lutte d'abord et longtemps avec son énergie religieuse : elle faiblit à son tour, elle ne peut plus se vêtir, ni vêtir ses enfants, tous sont couverts de lambeaux. Quelquefois, hélas ! cette infortunée oublie ses devoirs d'épouse, de femme et de mère. Jamais pareils spectacles ne se voient à la campagne.

CHAPITRE II.

Traçons maintenant le riant tableau de la vie champêtre, n'en exagérons point les couleurs ; n'est-il pas assez beau par lui-même pour que le peintre n'ait pas besoin de recourir à son imagination ? qu'il nous suffise donc de peindre la nature et la vérité.

A la campagne, le chômage est inconnu ; le travail y est continuel : point de morte saison : voilà le premier avantage. Tous les membres d'une même famille, dès l'âge de six ans, peuvent s'occuper et travailler au bien-être commun : second avantage. Jamais la mère n'est obligée de quitter ses enfants ; elle en est toujours entourée, à chaque instant elle peut leur prodiguer ses caresses. Ainsi s'entretient et se fortifie l'esprit de famille et conséquemment le sentiment religieux, base de l'éducation morale.

L'homme est charretier, ou berger, ou batteur, ou garçon meûnier ; les enfants au-dessus de huit ans gardent les oies ou les vaches ; au-dessus de douze ans, ils sont porchers dans les fermes ; ceux de six commencent à aller à l'herbe dans la saison, à glaner dans la moisson. Quant à la femme, la besogne ne lui manque pas : elle a le linge de toute la famille à entretenir, ses enfants à élever, sa vache à nourrir, son porc à soigner, ses volailles à surveiller, son blé à battre ; car dans toute l'étendue de la Beauce tous les domestiques mariés ont un petit faire-valoir : une maison et au moins deux arpents de terre : avec cela on peut élever douze enfants ; cette rude tâche tient continuellement en haleine les chefs de la famille, qui rivalisent de zèle et de dévouement pour se tenir à la hauteur de leur mission sacrée.

Quand les jours d'épreuve arrivent, par exemple dans les années de cherté du blé, et que la provision est épuisée à partir du mois de mai ou de juin, ils trouvent toujours du crédit ; le créancier, sûr d'eux, les attend avec patience ; il sait que rien n'est plus sacré pour eux que de payer leurs dettes.

La femme, pleine de dévouement et de courage, élève ses enfants au travail et dans la crainte de Dieu. Tous vont à l'herbe pour nourrir la vache dès qu'arrive la fin de mars. Le surplus de l'herbe est fané et réservé pour l'hiver. La moisson arrive : tous vont glaner, et le produit de ces glanes suffit pour nourrir la famille pendant quelques mois, ou est vendu comme semence, par conséquent très-cher. Quand toutes les céréales sont rentrées, on

va au chaume et aux racines de luzerne; le premier sert à faire de la litière à la vache, les racines séchées servent à parer aux rigueurs de
l'hiver. On va aux ronces dans les champs, aux
épines sur les routes, au bois mort dans les forêts :
voilà de quoi chauffer le four et cuire le pain
pendant une partie de l'hiver. Les enfants, à cette
époque, se louent pour garder les oies ou les
vaches : voilà de quoi les habiller et payer leurs
mois d'école pendant l'hiver.

Si cette saison est trop rigoureuse, on va passer
tout en travaillant les longues soirées dans les
caves ou dans les étables. Chaque femme emporte
sa chaufferette, et les frais d'éclairage, devenus bien
insignifiants, sont payés en commun, ou plutôt chacune apporte sa chandelle à son tour. Les jeunes
enfants sont là, avec leurs mères, attentifs aux
récits légendaires et merveilleux des plus âgées de
a réunion : ils oublient le sommeil, et la soirée
finit trop tôt. Ainsi se passent les hivers, avec la
plus grande économie pour tous. Chaque particulier n'a pas besoin de plus de cinquante bourrées
achetées en forêt.

Les gages du père de famille servent à payer ce
bois, les façons et le loyer des terres, ainsi que
celui de la maison. Dans les années ordinaires il
y a toujours à la fin des économies. Tous les en-

fants en âge de servir apportent aux parents leurs gages aujourd'hui devenus véritablement considérables. Un père de famille nous disait dernièrement que ses trois enfants en condition lui apportaient annuellement plus de 1,200 francs.

Le père ne vient coucher chez lui que tous les huit jours, c'est-à-dire le samedi soir. L'épouse et les enfants l'attendent, et toute la famille se réjouit de son arrivée. Le dimanche matin, avant la messe, il nettoie le blé qu'a battu la semaine sa courageuse compagne. Ensuite il fait sa toilette et va à l'office, puis revient au milieu de ses enfants, et, d'après le rapport fait par la mère sur la conduite de toute la semaine, il adresse un reproche à celui-ci, une louange à celui-là; finit par les embrasser tous, en recommandant bien l'obéissance. Le soir, après avoir terminé ses travaux, il reprend le chemin de la ferme; ses enfants et la mère lui font la conduite, ensuite on s'embrasse et l'on se sépare pour huit jours. Le lendemain cet heureux père recommence sa semaine avec gaîté, il chante en traçant son sillon, tout en l'arrosant de ses sueurs. Ce que nous disons ici du charretier s'applique également aux autres domestiques. Heureuse vie au milieu des plus rudes labeurs! Qu'il est aveugle, l'ouvrier qui abandonne la campagne!

Les fonds mis en réserve chaque année, grâce aux salaires élevés d'aujourd'hui, vont toujours grossissant ; et, s'il se vend quelques parcelles de terre, l'ouvrier se rend propriétaire. Quand il est parvenu à un âge avancé, et que ses forces affaiblies ne lui permettent plus de servir, il reste chez lui, s'occupe de son petit manoir et soulage la mère, que l'âge a également rendue plus faible : ils font à deux ce que la femme plus jeune pouvait faire seule. Tous deux, dans leurs vieux jours, cultivent les petits champs qui leur appartiennent. Tous leurs enfants sont placés ; ces bons parents vivent tranquilles, meurent chrétiennement ; leurs enfants viennent leur fermer les yeux, arrosent les deux tombes de leurs larmes, pendant que leurs âmes, constamment amies du bien, vont rejoindre Celui qui récompense tous les dévouements, et qui transforme en riches diamants nos sueurs et nos larmes pour orner notre couronne.

Nous qui écrivons ces quelques lignes, élevé à la campagne, et, forcé par des circonstances indépendantes de notre volonté, nous demeurons en ville ; nous avons essayé de faire valoir le talent que Dieu nous avait confié ; nous avons travaillé sans relâche, élevé honnêtement et religieusement notre famille, et nous attendons la mort avec résignation ; nous avons fait ce que nous avons pu et attendons de la bonté et de la miséricorde de Dieu la récompense de notre bon combat, comme dit saint Paul; mais nous affirmons, dans toute la sincérité de notre âme, que nous avons toujours regretté et que nous regrettons encore d'avoir quitté le séjour de la campagne.

Quelles délices incomparables dans cette vie champêtre! où donc aller pour être mieux, pour trouver plus de bonheur? Envisageons-la sous le rapport physique et sous le rapport moral.

A la campagne on respire l'air pur à pleins poumons; chaque chaumière est en plein soleil; partout circulent la vie et la santé comme un fleuve qui coule avec abondance et porte au loin et au large la fécondité. Voyez ce teint rose, cette force musculaire, cet embonpoint des habitants qu'envie l'étique et blême citadin. Nous parlons ici sans exagération. Ne voyez-vous pas chaque année, au printemps, les riches de nos cités venir au milieu de vous pour goûter votre bonheur et vos plaisirs? Ne savez-vous pas que tous les docteurs envoient leurs malades à la campagne, soit pour rétablir leur santé chancelante ou délabrée, soit pour prolonger de quelques mois une vie qui s'éteint sans espérance de guérison? Connaissez donc enfin votre bonheur et prenez la ferme résolution de ne jamais vous arracher à cet aimable séjour; ne permettez jamais à vos enfants d'aller servir en ville ; ne les envoyez jamais dans nos pensions, ils y oublient les habitudes de la vie champêtre, commencent à rêver un bonheur imaginaire ; le charme de l'avenir est détruit pour eux. Il est bien entendu que nous ne parlons ici que des ouvriers.

Considérons maintenant la vie champêtre sous le rapport moral : Quelle différence avec celle des villes ! A la campagne, jamais en semaine le domestique n'a l'occasion de se déranger. Il travaille tous les jours, rentre tard, prend son repas et va se reposer de ses fatigues pour recommencer le lendemain et les jours suivants. Le dimanche seul lui appartient, et il le consacre à Dieu et à sa famille.

Si le serviteur est un jeune homme, il va chez ses parents se rapproprier, chercher du linge nouveau que lui tient tout prêt sa tendre et courageuse mère ; et si, dans ses vêtements quotidiens, il y a quelque chose à refaire, l'aiguille de la mère est là, et la tâche est bientôt accomplie. O vie laborieuse et pleine de félicité !

Quant aux servantes, toujours occupées, même le dimanche, elles vont plus rarement au sein de la famille.

Cela se conçoit aisément, puisqu'elles-mêmes peuvent faire, en ce qui concerne la couture et le blanchissage, ce que font les mères pour les jeunes gens. Quand elles ont servi longtemps, elles se marient avec le domestique de leur choix, et le bonheur commencé à la ferme continue dans le jeune ménage. On peut en dire autant du jeune homme, qui ne choisit la compagne de toute sa vie qu'après l'avoir bien connue. La foi conjugale n'est jamais violée : elle est sous la sauve-garde de la religion et du travail ; l'union règne toujours. Où donc verrez-vous jamais dans la campagne l'époux abandonner son épouse et ses enfants ? Où verrez-vous jamais l'épouse et la mère quitter sa famille pour suivre un libertin ? Ces turpitudes sont réservées aux villes, qui sont devenues de vrais foyers de corruption.

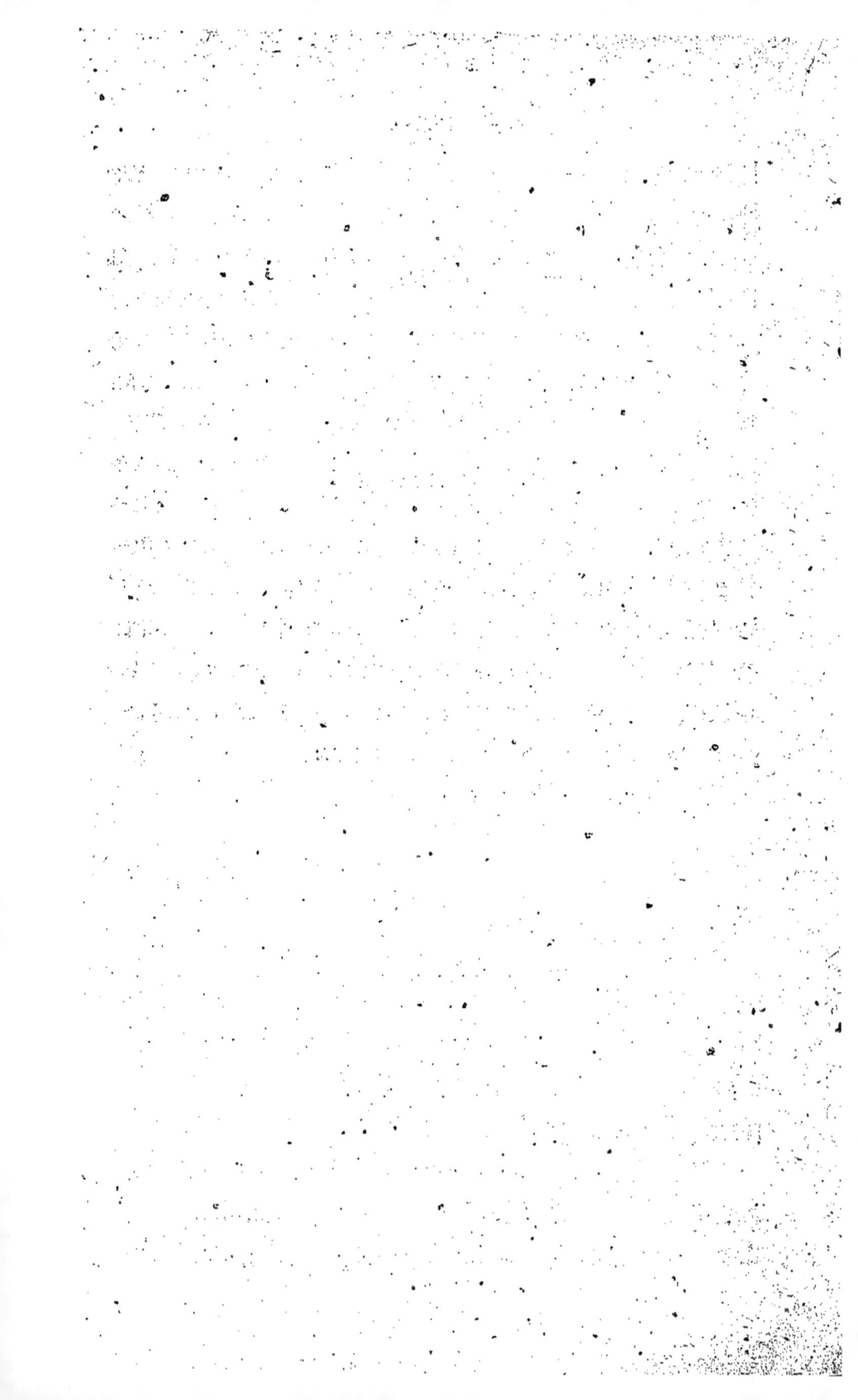

LIVRE II.

CHAPITRE Ire.

DE LA VACHE.

Avant de parler de la vache, nous avions eu d'abord l'intention de traiter ce qui a rapport au sol et au sous-sol, à leur constitution et aux moyens de les améliorer ; au labour, aux engrais, aux moissons ; mais nous nous sommes aperçus que nous allions nous livrer à un travail trop long, inutile même, puisque le professeur d'agriculture est chargé d'expliquer toutes ces choses, et que chacun doit s'empresser d'aller l'entendre pour s'instruire de ce qui l'intéresse.

Nous supposons donc que le villageois a un petit faire-valoir, dont il est le propriétaire ou le locataire, et que ce petit fonds de terre lui permet d'avoir une vache ou deux. Partant de cette supposition, nous parlerons d'abord de la vache.

Cet animal domestique, si précieux, a été regardé comme sacré chez tous les peuples qui, dans l'antiquité, se sont occupés d'agriculture.

Les Egyptiens l'adoraient sous le nom d'Isis. La vache était chez eux le symbole de la vie et de la fécondité. Elle l'est encore et le sera toujours. La misère extrême est à jamais bannie de la chaumière qui a le bonheur d'en posséder une. Considérons en effet tous les avantages qu'elle nous procure, tous les produits qu'elle nous donne : 1° elle laboure nos terres : c'est ce qui se pratique dans beaucoup de pays, et ce qui devrait se pratiquer par tout, principalement dans la toute petite culture ; 2° elle fait en abondance du fumier pour engraisser le champ qu'elle cultive et qui la nourrit. Chaque année elle donne un veau, qui se vend aujourd'hui si cher, elle nous prodigue son lait et avec lui le beurre et le fromage, principal nourriture des habitants de la campagne : n'oublions pas le petit lait, boisson si agréable au porc et si utile à son alimentation et à son développement. Quand elle est usée par le travail, épuisée à force de produits, on l'engraisse, et elle est revendue sans perte sur le prix d'achat. La Providence n'a pas créé pour l'homme un animal domestique aussi précieux. Qu'on nous permette de faire à ce sujet une petite digression.

Digression.

Nous avons tous appris dans notre enfance que les Hébreux, au pied du mont Sinaï, se livrèrent à une odieuse prévarication. Pendant que Moïse était sur la montagne, ils se firent un veau d'or et l'adorèrent, comme ils avaient vu les Egyptiens adorer la vache.

Les Hébreux, par ce symbole, ne demandaient pas la luxuriante fertilité du sol égyptien, ils ne désiraient qu'un peu de verdure et des déserts moins arides, enfin un faible diminutif de la fécondité dont jouissaient les Egyptiens ; aussi s'étaient-ils fait, non pas une vache, mais un veau d'or. Sans doute ils étaient coupables ; mais leur désir se comprend et s'explique aisément. Telle est, ce nous semble, l'explication la plus simple, la plus naturelle et la plus vrai de ce fait biblique.

CHAPITRE II.

DE LA VACCINE.

Avant d'entrer dans tous les détails concernant les caractères distinctifs d'une bonne vache, son mode d'alimentation pour qu'elle fournisse le plus de lait ou le plus de beurre possible, selon le besoin et même le désir de la personne qui la possède, nous croyons ne pas sortir de notre sujet en parlant de la vaccine.

Les mots *vaccin*, *vaccine*, viennent du mot latin *vacca*, qui signifie vache. C'est donc encore à la vache que nous devons le vaccin. Sous ce rapport elle rend un service immense, inappréciable à l'humanité tout entière. C'est à elle que nous devons d'être préservés de la plus terrible maladie, qui a fait tant de victimes avant l'introduction de la vaccine : car la petite vérole, maladie contagieuse et épidémique exerçait autrefois d'affreux ravages. Combien de personnes estropiées, défigurées, aveugles avant l'introduction de la vaccine ! Faisons l'historique de cette précieuse découverte : elle ne pourra que vous intéresser. Dans certaines circonstances et dans certaines contrées, des pustules ou boutons apparaissent sur les mamelles des vaches. Or, c'est le virus, c'est-à-dire le pus sortant de ces boutons que l'on recueille pour l'inoculer ensuite aux bras des enfants : il en résulte une légère éruption qui, une fois passée, les préserve des ravages de la petite vérole. Les médecins, au lieu de recourir à la vache, prennent du vaccin sur le bras des enfants et cela indéfiniment : voilà pourquoi l'on dit que le vaccin dégénère et que les médecins nous conseillent de nous faire vacciner une seconde fois : ce qui certainement n'aurait pas lieu si l'on recourait aux pustules du pis de la vache.

Un médecin anglais, Jenner, est l'auteur de cette admirable découverte. Son ouvrage sur la vaccine fut publié pour la première fois en 1798, et sa patrie reconnaissante lui vota la somme de 500,000 francs. Ce savant docteur avait remarqué que, dans le comté de Glocester, les personnes qui s'occupaient à traire les vaches, étaient à l'abri de la petite vérole ; cela se conçoit aisément : car les vaches dans cette contrée sont souvent atteintes de la petite vérole. Ces personnes en les trayant gagnaient cette maladie et se trouvaient naturellement vaccinées.

Partant de là, Jenner imagina d'inoculer le vaccin des vaches aux personnes, et de recueillir le pus ou virus sur le bras de la personne vaccinée pour le communiquer à d'autres. Telle est l'origine de la vaccine. Depuis cette époque, on n'a jamais eu recours à la vache, mais toujours aux personnes vaccinées depuis 1798 : est-il surprenant qu'après une transmission de 80 ans, ce vaccin primitif, qui a servi à des milliers de personnes, ait perdu quelque chose de son efficacité ? Nous recommandons bien aux parents d'avoir grand soin de vacciner leurs enfants.

On prétend que la vaccine était dès la plus haute antiquité connue dans les Indes occidentales. En effet, dans un livre de ce pays, attribué

à un savant médecin, nommé Dhanwanton, on lit
ces mots : prenez du fluide du pis d'une vache, ou
bien du bras d'un être humain, entre le coude et
l'épaule ; recueillez-le sur la pointe d'une lancette,
et introduisez-le dans le bras d'un autre au même
endroit, et une pustule sera produite. Tout cela
n'enlève point la gloire de Jenner, qui ne con-
naissait point ce livre Indien. Conséquemment,
nous devons continuer à le regarder comme le
véritable auteur de la vaccine en Europe.

CHAPITRE III.

A QUELS SIGNES RECONNAIT-ON UNE BONNE VACHE LAITIÈRE.

L'importance de la vache laitière ne saurait être
la même dans tous les pays : dans les contrées de
pâturages gras et abondants, on s'occupe de préférence des animaux reproducteurs ou de l'engraissement des bestiaux ; mais là où la propriété
est morcelée, comme en Beauce et dans tous les
pays de petite culture, où chaque famille a sa vache,
c'est à la vache laitière que l'on doit accorder la
préférence : c'est elle qui vient en première ligne.
Parlons donc avant tout des signes qui font infail-
liblement reconnaître la meilleure vache laitière.

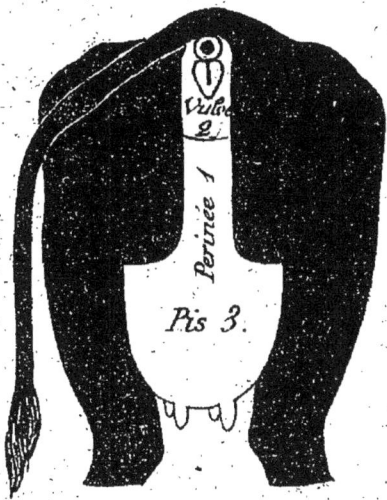

Très¹ bonne,
24 litres de lait par jour.
Fig. 1ʳᵉ

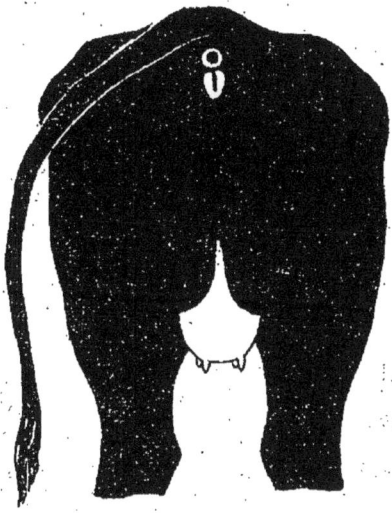

Vulve 2.
Perinée 1
Pis 3.

Très - mauvaise.
4 à 5 litres par jour
Fig. 2.

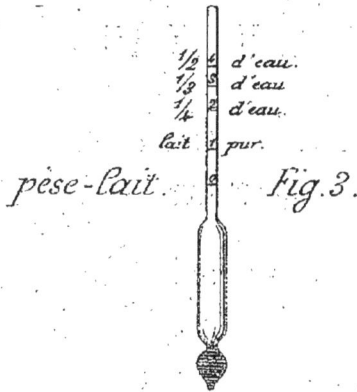

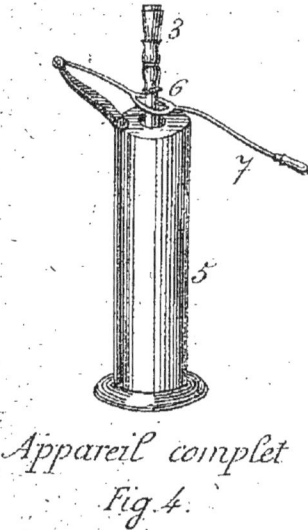

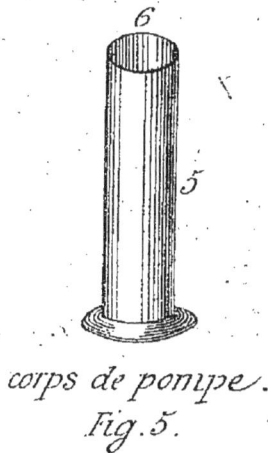

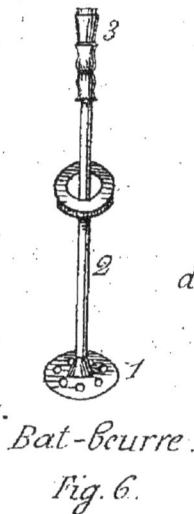

pèse-lait.   Fig. 3.

1/2   6   d'eau.
1/3   3   d'eau
1/4   2   d'eau.
lait   1   pur.

Appareil complet
Fig. 4.

corps de pompe.
Fig. 5.

Bat-beurre.
Fig. 6.

Soupape
du bat-beurre
Fig. 7.

Nous avons pour nous éclairer et nous guider la méthode Guénon. C'était un marchand de vaches qui, dès sa plus tendre enfance, avait vécu au milieu des vaches, les avait observées continuellement ; après de longues et persévérantes investigations il trouva le moyen de distinguer sûrement la bonne vache d'avec la mauvaise.

Nous allons ici laisser parler un homme compétent : c'est un de nos plus célèbres vétérinaires ; voici ce qu'il dit à ce sujet :

« L'exactitude et l'efficacité de la méthode Guénon sont pour moi incontestables. Pendant six années consécutives, je l'ai expérimentée sur plus de cinq cents sujets soumis à mon observation journalière, et sur un nombre beaucoup plus considérable, dans les foires et dans les marchés. Je la considère donc aujourd'hui comme une de ces découvertes aussi grandes dans leurs résultats que simples et modestes dans leur origine, et je la crois destinée à opérer dans l'industrie agricole une révolution aussi importante que la charrue dans l'enfance de l'agriculture. »

C'est donc à la méthode Guénon que nous proposons d'avoir recours pour reconnaître les signes qui révèlent dans une vache les qualités lactifères, c'est-à-dire qui font connaître si la vache a beaucoup de lait. Ces signes sont au nombre de 18.

Comme nous allons être obligé d'employer certaines expressions techniques et conséquemment peu intelligibles pour la plupart de nos lecteurs, nous allons tracer l'image des parties de la vache qu'il faut observer avant tout. (*Voir fig. 1 et 2, page 32.*)

1° Que l'écusson soit bien développé, bien pur, s'étendant depuis le pis et se prolongeant sur le périnée jusqu'à la vulve et que son développement n'offre aucune interruption.

On appelle écusson toute la partie blanche de l'image, et chose digne de remarque, c'est que les poils qui recouvrent légèrement cette partie de l'animal, se dirigent tous de bas en haut, tandis que les poils du reste du corps se dirigent de haut en bas ; en passant la main sur l'écusson de haut en bas, on rebrousse le poil et l'on reconnait aisément la largeur de cet écusson, en sorte qu'un aveugle même ne peut s'y tromper.

Le périnée est la partie blanche de l'image marquée du chiffre (1). La vulve chiffre (2) est l'organe par où sortent les urines. Le pis chiffre (3) est l'organe lactifère. Quoique l'écusson soit un signe caractéristique et essentiel, il faut néanmoins qu'il soit accompagné d'autres signes indiqués ci-dessous.

2° Que les veines du ventre ou veines lactées soient grosses, saillantes, bifurquées. Parfois elles sont placées en dehors et non au-dessous du ventre. Que les fontaines soient larges, assez rondement et également ouvertes pour recevoir le bout du doigt. Tous les connaisseurs ont signalé ces veines comme un des signes les plus propres à faire reconnaître l'activité des mamelles.

3° Les veines du périnée, lorsqu'elles sont grosses, saillantes, serpenteuses, indiquent la force de l'organe lactifère, autrement dit du pis. Il y a sur cette partie de l'animal une espèce de poussière jaune, safranée, qui y demeure attachée et que M. Guénon engage à bien observer. D'après plusieurs vétérinaires, il ne faut pas y attacher une trop grande importance, néanmoins il est bon d'y faire attention.

4° Observons bien les veines du pis. Si elles y forment un espèce de réseau de veines saillantes, à nœuds plus saillants encore, elles révèlent le pouvoir sécréteur des mamelles ; il faut de plus que la peau du pis soit souple et très-fine.

5° Considérons le pis lui-même : il faut qu'il soit sain, sans lésions intérieures, sans indurations, c'est-à-dire qu'il ne faut pas qu'on y sente de durillons ; qu'il soit rond, pendant en sac ou relevé et s'étendant sous le ventre ; qu'il soit gros et non graisseux. Si toutes ces conditions sont réunies, on peut être assuré que les réseaux lactés sont spacieux et que les mamelles fournissent beaucoup de lait.

6° Que les trayons soient égaux, courts, souples, sans indurations, éloignés les uns des autres, excepté quand le pis est allongé en bouteille.

7° Que la vache en question ait les jambes courtes et fines, les jarrets larges, plats et bien écartés.

8° Que ses reins soient larges, plats, à angles saillants ; que l'épine dorsale soit droite, non ensellée, (non creusée en courbe).

9° Que ses côtes soient bien arrondies en tonneau.

10° Que son cuir soit souple, moelleux, élastique, se détachant bien ; qu'elle ait la bouche bien fendue, le râtelier bien large et bien arrondi.

11° Qu'elle ait une encolure étroite et en lame de couteau renversée.

12° La tête doit être courte, étroite vers la région des cornes ; les yeux saillants et le regard doux.

13° Qu'elle ait les oreilles petites, minces et fermes, safranées en dedans, c'est-à-dire couleur safran.

14° Ses cornes doivent être de couleur claire, luisantes et fines.

15° Que son poil soit lisse, doux et se changeant en duvet auprès des ouvertures naturelles.

16° Les véritables vaches laitières ont le corps maigre et délicat, sans être maladives ni faibles : elles sont rarement en état d'embompoint, de sorte que celui qui voudrait choisir les plus belles bêtes pour avoir les meilleures laitières se tromperait presque toujours : chez ces sortes de vaches, les saillies des os sont très-apparentes ; les hanches sont fortes, le bassin ample, les jambes fort écartées, laissant entre elles un espace considérable où peuvent se loger de fortes mamelles : les bonnes vaches laitières ont ordinairement les muscles grêles, les fesses et les cuisses minces et étroites.

17° La queue de la vache laitière est ordinairement déliée et doit tomber de 5 à 10 centimètres au-dessous des jarrets. M. Guénon veut aussi qu'on fasse attention si du bout de la queue se détache une poussière safranée ; il tient beaucoup à l'existence de ce caractère.

18° Enfin, on observera si elle a un poitrail large et saillant, une respiration un peu lente, un abdomen ou ventre médiocrement développé et une grande disposition à boire, disposition qui est du reste provoquée par la sécrétion abondante du lait.

Une vache sera parfaite laitière si elle réunit tous les caractères que nous venons d'énumérer. Nous sommes convaincu qu'une bête de première taille, c'est-à-dire pesant 300 kilos pourrait donner 35 litres de lait et même jusqu'à 40 par jour.

De tout ce que nous venons de dire, on doit conclure que l'acquisition d'une vache pour l'ouvrier est une chose de la plus haute importance.

Il nous semble nous être exprimé d'une manière claire, précise, intelligible : chaque particulier, son livre à la main, pourra distinguer la bonne vache laitière. Néanmoins, comme l'acquisition d'une vache est pour lui d'une extrême importance, s'il ne se croit pas sûr de lui, s'il craint de n'avoir pas bien compris les signes détaillés précédemment et de faire un mauvais choix, c'est-à-dire d'acheter une vache qui donnera peu de produits, dépensera autant qu'une autre et ne pourra être revendue qu'à perte, il fera bien de recourir aux conseils d'un homme éclairé ; cet homme compétent, c'est le vétérinaire, pourvu toutefois qu'il soit à la hauteur de sa profession et des connaissances actuelles. Ne regardons pas au prix si nous avons la certitude d'un bon choix.

Nous ajoutons : le vétérinaire aura à cœur de se faire une bonne réputation ; quand la bête sera malade, il se sentira intéressé à la bien soigner pour montrer aux gens qu'il n'a cherché que leur intérêt, tout en ne négligeant pas les siens : car on doit bien penser qu'il exigera une rémunération : c'est justice.

CHAPITRE IV.

DE L'ALIMENTATION DE LA VACHE.

Puisque nous attendons de la vache la plus grande partie de notre aisance, il est indispensable de la bien nourrir : que son étable soit suffisamment grande, toujours très-proprement tenue, bien aérée, bien ventilée, qu'il y ait des ouvertures au nord et au midi : les premières donneront de la fraîcheur en été, les secondes donneront de la chaleur en hiver.

1° Donnons-lui régulièrement trois fois à manger par jour. En général on établit au-dessus de la vache une sorte de grenier à paille et à foin. Nous avons avec peine remarqué que ces fourrages suspendus sont habituellement envelopés de toiles d'araignées et remplis de poussière. Par un préjugé indigne de notre époque, on se fait scrupule d'y toucher : c'est là une malpropreté condamnable et funeste à la santé de la vache. Faites donc la guerre aux araignées et qu'on n'en voie pas plus dans votre étable que dans votre appartement.

1° Quand vous descendez ce foin ou ce fourrage, secouez-en la poussière, débarrassez-le de toute malpropreté, humectez-le en été.

2° Voulez-vous que votre vache vous donne la plus grande quantité possible de lait? Donnez-lui des herbages riches et succulents, des carottes, des navets, des betteraves ou toute autre nourriture renfermant beaucoup d'eau. Faites-la boire aussi souvent qu'elle le veut.

3° Voulez-vous augmenter la qualité du lait au lieu d'en augmenter la quantité? Donnez-lui alors non plus des herbages frais, mais une nourriture sèche, telle que avoine, fèves, son, foin, trèfle, et cela autant qu'elle en voudra manger.

4° Veut-on obtenir du lait très-riche en beurre? On donne alors à la vache la même nourriture que si l'on se proposait de l'engraisser, savoir : tourteaux huileux, si l'on est dans un pays où l'on fait de l'huile, avoine, orge, farine de maïs (blé de Turquie), et quelques navets.

5° Se propose-t-on de convertir son lait en fromage? Il faudrait encore varier l'alimentation et il conviendrait de lui donner des fèves, des pois, des vesces, du trèfle et du foin. Cette nourriture rend le lait plus riche en caillé.

6° Quand la saison permet d'envoyer les vaches aux champs, soyez d'une grande prudence; ne les envoyez jamais pâturer le jeune trèfle, ni la jeune luzerne surtout par la rosée. Les vaches en sont très-friandes, et ces herbages une fois introduits dans l'estomac produisent une quantité considérable de gaz et météorisent les animaux, c'est-à-dire les font enfler; si la vie de l'animal était en danger par suite de la météorisation, faites lui prendre une cuillerée à café d'alcali volatil dans un litre d'eau, et le danger sera immédiatement conjuré.

Ayez toujours chez vous un flacon de cette substance précieuse: elle peut vous être utile dans bien des circonstances. Une goutte de ce liquide versée sur la morsure d'un serpent, la piqûre d'un insecte venimeux, la morsure d'un chien suspect, conjure le danger et permet d'attendre l'arrivée du médecin.

Ne confiez jamais la garde de votre vache à un tout jeune enfant, quand il s'agit de la mener pâturer sur le trèfle ou la luzerne.

Dès que la chaleur commence, rentrez-la à l'étable; et l'après-midi ne l'envoyez jamais à la pâture que quand la chaleur est devenue moins grande, c'est-à-dire vers quatre heures, ayez surtout bien soin de ne la point conduire dans des champs où l'on ne voit que quelques brins d'herbe très-courts; elle ne fait que lécher la terre sans se nourrir. Loin de voir s'augmenter la quantité de son lait, on aurait la douleur de la voir diminuer sensiblement.

Ces observations s'appliquent également aux champs moissonnés, hérissés de chaume court et dur. La vache ne fait que se piquer le museau en cherchant quelques traces de végétation, elle éprouve une douleur, un tourment continuel, elle souffre, elle s'impatiente, ce qui contribue encore à faire tarir son lait.

Nous recommandons pardessus tout de ne pas la mener sur des terres où ne végètent que de mauvaises plantes, telles que le réveille-matin, que tout le monde connaît, la renoncule-bulbeuse (bouton d'or dont la racine a une espèce de tubercule semblable à un petit radis) et plusieurs autres plantes qui doivent paraître suspectes par la seule raison qu'on n'en connaît pas les propriétés et que les vaches dédaignent, à moins qu'elles n'aient excessivement faim.

Il y a des pays en France où les vaches passent la nuit et le jour dans les pâturages; mais c'est un usage qu'on ne saurait recommander partout, surtout en Beauce ; d'ailleurs il faut que les vaches soient habituées à ce régime, sans quoi leur santé serait certainement compromise.

On agite aujourd'hui la question de savoir s'il ne vaut pas mieux tenir constamment la vache à l'étable que de l'envoyer pâturer. En effet si on ne l'envoie pas aux champs, on y gagne une quantité considérable de fumier. Si au contraire vous la sortez ou vous la donnez à garder; alors il vous en coûte ; ou ce soin est confié à l'un de vos enfants, il perd son temps, s'amuse et ne la surveille pas : quel avantage pour vous s'il allait à l'herbe ? il en rapporterait plus et de meilleure qualité que n'en trouve la vache. Dans la saison de l'hiver; donnez à votre vache une nourriture substantielle.

Néanmoins, comme la nourriture est sèche, le volume doit être moindre qu'en été, époque à laquelle tous les herbages sont verts et frais, et renferment conséquemment une grande quantité d'eau. Car sachez le bien, faire faner, faire sécher une herbe, c'est l'exposer à une grande chaleur dans le seul but de la priver de l'eau qu'elle contient : or, l'eau n'est pas le principe nutritif de la plante. N'oublions pas que les vaches aiment beaucoup le sel. Quand vous donnez à la vôtre de la balle de blé ou d'avoine, mêlez-y un peu de son et quelques poignées de sel, vous stimulerez par là son appétit.

CHAPITRE V.

DU PART DE LA VACHE,

C'est-à-dire action de mettre bas son veau.

Quand on a une vache, on peut chaque année, avoir un veau. Il y a encore là bien des connaissances pratiques à acquérir, et notre devoir est de vous les communiquer. Quand la vache entre en chaleur, il faut la conduire au taureau. Si l'on en croit les hommes d'expérience, on doit attendre que la vache ait quatre ans révolus : si l'on devance cette époque on fait courir de grands risques aux forces et à la santé de l'animal, qui n'est point encore parvenu à son complet développement; de plus, tous les taureaux ne sont pas acceptables.

Celui auquel vous mènerez votre vache, ne doit pas avoir moins de trois ans. Il doit être gros, bien fait, avoir l'œil noir, le regard fixe, le front ouvert, le mufle grand, le cou charnu et gros, les épaules et le poitrail larges, le fanon pendant jusque sur les genoux, la queue longue et garnie de poils, l'allure ferme et le poil rouge. Aujourd'hui, tout les laboureurs ont un taureau, ils en font un objet de spéculation, nous n'oserions pas les en blâmer s'ils apportaient au choix de cet animal toute la prudence et tous les soins nécessaires.

Il est donc indispensable d'observer à ce sujet toutes les prescriptions détaillées ci-dessus, autrement la vache aurait un mauvais veau. Un taureau trop jeune ou trop vieux, ou faiblement constitué produit plus de femelles que de mâles. La vache au contraire, ou trop jeune, ou trop vieille, ou faiblement constituée produit plus de mâles que de femelles. Il est inutile d'ajouter que dans des circonstances toutes contraires, elle produirait plus de femelles que de mâles, ce qui vaut beaucoup mieux.

Le plus généralement la vache entre en chaleur d'avril en juillet; si cela arrivait dans toute autre saison de l'année, il serait mieux de ne pas la conduire au taureau, parce qu'il est très-avantageux qu'elle fasse son petit dans le printemps avancé. On reconnaît que la vache a conçu ou qu'elle est pleine, comme on dit dans la campagne, quand elle cesse d'être en chaleur.

Pendant la gestation, c'est-à-dire depuis qu'elle a conçu jusqu'à ce qu'elle vêle, la vache n'exige aucun soin particulier; si vous habitez un pays où l'on emploie la vache au labour, évitez de la soumettre à de trop rudes travaux. Néanmoins, durant cette période elle suffit aux travaux qu'on exigeait d'elle auparavant,

La vache fait son veau ou debout, ou couchée; dans le premier cas, le petit ne se fait aucun mal, parce que sa chûte est amortie par le cordon ombilical; si ce cordon ne se rompt pas de lui-même, la vache par un admirable instinct, le rompt elle-même en le mâchant; si par hasard elle oubliait de remplir cette fonction, on le couperait à un décimètre du nombril du veau.

Quand cette première opération est terminée, on laisse la vache tranquille; on lui donne quelques seaux d'eau blanche, et pendant quelques jours on la nourrit avec d'excellent foin et on ne lui donne à boire que de l'eau blanche.

Si la vache venait à avorter, ou la tiendrait quelques jours en repos avec une bonne nourriture, si elle paraissait faible, on lui ferait avaler dans les 24 heures un ou deux litres de vin, ou de cidre, ou de bière, selon les contrées où l'on se trouve.

CHAPITRE VI.

DU DÉLIVRE.

Dans les deux cas dont nous venons de parler, si le délivre n'est pas spontanément rejeté, même après quelques heures d'attente, on s'occuperait à le tirer doucement en allant le chercher avec la main préalablement frottée d'huile ou de graisse. Quand la vache fait régulièrement son veau, on ne doit pas se préoccuper du délivre ; car on peut sans inconvénient attendre jusqu'au lendemain.

CHAPITRE VII.

DU VEAU

Aussitôt que le petit est sorti, la mère le lèche pour le débarrasser d'une espèce de crasse visqueuse, c'est-à-dire gluante, dont il a le corps recouvert. Si l'on voyait que la mère négligeât de lui prodiguer ces soins, il serait bon de l'y inviter en saupoudrant avec du son ou un peu de sel la peau du petit animal.

Celui-ci ne tarde pas à se lever sur ses quatre pattes et à téter la mère. Quelques jours après sa naissance, il la suit dans ses travaux des champs. Nous dirons ici en passant qu'il est bien fâcheux que dans nos pays on ne veuille pas se mettre à se servir de la vache pour la culture des terres. Quel avantage le petit particulier n'en retirerait-il pas ? Il n'aurait plus à payer au gros fermier des façons devenues si chères, il ne serait plus à la merci de personne ; il labourerait ses terres, rentrerait ses moissons quand bon lui semblerait et dans les circonstances les plus favorables.

Depuis 30 ans nous n'avons cessé de donner ce salutaire conseil. Chacun sent et comprend l'excellence de cette méthode, mais personne n'ose commencer : on craint le ridicule, ce n'est plus qu'une affaire de respect humain. Maudit respect humain ! Il est sans doute quelquefois bon d'en avoir, mais nullement en pareil cas. Allez passer quelques jours dans le Bourbonnais, dans l'Auvergne, etc., et vous serez bientôt au courant de cette pratique si simple. Revenons à notre sujet.

Le petit veau dans les premiers jours de sa naissance doit téter aussi souvent qu'il le désire ; on le laissera donc seul et tranquille avec sa mère. Si on doit le livrer au boucher, on le laisse téter pendant trente ou quarante jours ; si on le destine à la charrue ou au trait, il tétera trois ou quatre mois. On pensera alors à le sévrer ; on le fera graduellement, en lui donnant au début du foin choisi ou de l'herbe fine.

Si l'on est dans une contrée où les bestiaux vont au pâturage toute l'année, le petit ne doit y rester qu'une heure le matin et une heure le soir.

Si l'on destine la petite génisse à être vache

laitière, c'est alors qu'il faut examiner attentivement le sujet et s'assurer s'il a toutes les qualités
requises : c'est alors que l'on doit recourir à tous
les signes qui caractérisent la vache laitière. Généralement les femmes de nos contrées se montrent peu judicieuses en pareille circonstance. Si
le veau paraît gentil, s'il plaît à la maîtresse et
aux enfants, tout est décidé, on l'élevera. Souvent
même la détermination est prise avant que la
vache ait vêlé, qu'elle simplicité ! Quand l'élève a
coûté bien de l'argent et du temps, on s'aperçoit
qu'il ne répond pas aux espérances que l'on avait
conçues, on est obligé de le vendre. Il arrive souvent qu'on n'est pas plus heureux dans le second
choix que dans le premier. Faisons avec intelligence un choix si important ; si nous craignons de
nous tromper, recourons aux lumières de quelque personne qui s'y connaisse parfaitement. Je
dirai encore une fois : consultons le vétérinaire
de l'endroit, s'il est vraiment capable, nous n'aurons jamais regret des faibles honoraires qu'il
exigera de nous.

Que la vache vous appartienne, n'en prenez
jamais à loyer, de quelque personne qu'elle vous
vienne et à quelques conditions qu'elle soit placée
chez vous. La vache est un capital placé à gros
intérêts, le propriétaire seul s'enrichit. Sur cent

vaches ainsi données à loyer, quatre-vingt-dix sont mauvaises : qu'importe au prêteur ? pourvu qu'il en retire un bon profit.

Nous vous avons vivement recommandé de faire assurer vos récoltes, nous vous conseillerons de faire assurer aussi votre vache ; mais connaissez bien la Compagnie ; car toutes n'offrent pas les mêmes garanties et conséquemment ne donnent pas la même sécurité.

CHAPITRE VIII.

TRAITE DE LA VACHE.

(Action de traire la vache).

Quand la vache est débarrassée de son petit, on doit la traire deux fois par jour, c'est-à-dire soir et matin dans les trois saisons abondantes en pâturages, savoir : printemps, été, automne ; on ne la traira qu'une fois en hiver, à moins qu'elle n'ait une abondance de lait telle qu'on soit obligé de l'en débarrasser une fois de plus. Cette opération exige certaine méthode et certaines précautions. On prend le pis avec la main en la glissant doucement de haut en bas, on ne doit jamais traire une vache par secousses et par saccades ; on occasionnerait ainsi la séparation du beurre et du lait.

Il y a des vaches difficiles à traire : les unes sont excessivement chatouilleuses, les autres ont des verrues sur les trayons, d'autres enfin peuvent avoir quelque inflammation. L'art vétérinaire, qui a fait de nos jours d'immenses progrès, a trouvé les moyens d'obvier à tous ces inconvénients : on a inventé des sondes. Ce sont de petits tubes en verre ou en caoutchouc, les derniers sont préférables : on les enfonce à 2 centimètres de longueur dans chaque trayon et l'on voit immédiatement couler le lait de tous les trayons à la fois jusqu'à ce que le pis soit entièrement vidé. Il est aujourd'hui démontré que chaque trayon n'a la propriété de se contracter et de retenir le lait qu'à 2 centimètres de son extrémité inférieure : ce qui explique l'écoulement continu du lait quand la sonde est enfoncée à cette longueur dans chaque trayon. On ne doit recourir à ce moyen que dans les trois cas que nous venons d'indiquer.

CHAPITRE IX.

LE LAIT N'A PAS TOUJOURS LES MÊMES QUALITÉS.

Le lait d'une vache perd ses bonnes qualités dans cinq circonstances : 1° quand elle entre en chaleur ; 2° quand elle approche de son terme,

c'est-à-dire qu'elle ne tardera à faire son veau ;
3° quand elle vient de vêler ; 4° quand elle tombe
malade ; 5° quand on lui donne de mauvais her-
bage. Nous ne prétendons pas faire ici un cours
de botanique pour apprendre aux gens de la campagne le nom et les propriétés de chaque plante
employée à la nourriture des vaches, nous voulons
seulement leur indiquer le moyen infaillible de
distinguer les bonnes herbes d'avec les mauvaises.
Nous allons répéter ici ce que nous avons dit plus
haut : la femme intelligente, qui chaque jour soigne sa vache, reconnaît aisément les herbages
qu'elle préfère. Quand elle n'a pas bien faim,
donnez-lui les herbes que vous soupçonnez ne
lui être pas agréables, et vous verrez qu'alors elle
les dédaignera : ne lui en donnez jamais. Gardons-
nous de faire cette expérience quand elle ressent
un vif besoin de manger ; car alors l'animal ne fait
pas de choix : il ressemble à l'homme qui ressent
les horreurs de la famine : tout lui est bon.

CHAPITRE X.

DU LAITAGE.

Le laitage que produit la vache, se consomme habituellement sous trois formes différentes : 1° à l'état

naturel, 2° à l'état de beurre, 3° à l'état de fromage. Les qualités du laitage employé sous ces trois formes se ressentent des qualités de l'alimentation et des pâturages. Sous ce rapport, le laitage du printemps et de l'été sera toujours supérieur à celui des autres saisons de l'année : de même aussi les laitages du midi et de la Suisse l'emporteront naturellement sur ceux des plaines du nord de la France et de la Beauce.

1° *État naturel.* — Le lait, tel qu'il sort du pis de la vache, forme la base des déjeûners de près des quatre cinquièmes de la population de Paris et des autres villes de France. Il entre en outre dans une foule de préparations culinaires, c'est-à-dire de la cuisine.

Il est inutile d'ajouter que c'est la seule alimentation des enfants qui ne sont pas élevés au sein. On peut juger par là de l'importance du lait employé à l'état naturel. Malheureusement, il n'est que trop certain que les laitiers et les laitières, pour la plupart peu consciencieux, le vendent rarement pur : ils cherchent tous les moyens possibles de fraude, toujours pour gagner davantage. La passion de l'argent fait taire la conscience et oublier les devoirs : c'est un grand malheur.

CHAPITRE XI.

DU PÈSE-LAIT.

Les physiciens ont inventé un petit instrument appelé pèse-lait. Il est destiné à faire connaître la densité du lait, c'est-à-dire son degré de bonté, sa qualité. Il serait à propos que chaque maison eût ce petit instrument fort peu cher et qui se vend dans toutes les villes, chez les opticiens ou marchands de lunettes. (*Voir fig.* 3, *page* 32).

Comme cet instrument nous sert à apprécier la qualité du lait, il nous indiquera conséquemment ce que l'on doit attendre de beurre du lait de telle ou telle vache.

En voici la figure : c'est un tube de verre présentant trois parties distinctes : 1° une partie supérieure longue et étroite sur laquelle sont marqués quatre traits noirs ; 2° la partie du milieu est la plus large et la plus renflée ; moins longue que la première ; 3° enfin la partie inférieure est une petite boule creuse et remplie de petits grains de plomb dont le poids fait enfoncer l'instrument dans le liquide où on le plonge et le tient en équilibre.

Si le lait est pur ou de très-bonne qualité, il

enfoncera jusqu'au trait où est écrit : lait pur ; s'il est d'une qualité ou densité moindre, ou mélangé d'un quart d'eau, il enfoncera jusqu'au trait où se lisent ces mots : 1/4 d'eau : le reste se comprend aisément ; plus il s'enfonce, moins bon est le lait, ou plus on y a mêlé d'eau, conséquemment moins on en obtiendra de beurre. Ce petit appareil est devenu la terreur des laitières qui chaque matin arrivent en ville. Des hommes préposés au pesage du lait par l'administration municipale se tiennent à chaque porte de la ville, arrêtent les laitières au passage, plongent le tube dans un petit cylindre rempli de lait ; si l'instrument s'enfonce jusqu'au trait 1/4, ou 1/3, ou 1/2, le lait est confisqué au profit des hospices, les laitières coupables sont condamnées à une amende et même à un ou deux jours de prison. Ce pesage n'a lieu qu'à des époques indéterminées, pour mieux surprendre les coupables. Mais il se fait trop rarement ; les laitières s'y fient et voulant regagner l'argent qu'elles ont perdu, n'en mettent que plus d'eau ; concluons de là qu'il faudrait une plus fréquente surveillance. Cette sage mesure, par là même qu'elle n'est pas quotidienne, nous expose à avoir de plus mauvais lait qu'auparavant, surtout si nous n'avons pas affaire à une laitière consciencieuse. Le prix de ce petit instrument est de 1 fr. 25.

CHAPITRE XII.

DE LA CRÊME.

C'est le deuxième état dans lequel on emploie le laitage. Pour séparer la crême du lait, il suffit, dans l'été surtout, d'abandonner le lait à lui-même pendant 24 heures, dans des pots de grès qu'on a soin de déposer sur le carreau de la laiterie : mais comme il est rare et même extraordinaire que de simples particuliers aient une laiterie, on déposera les pots non pas à la cave, comme on doit le faire en hiver, mais sur les premières marches de la descente, parce qu'on n'a pas d'autre endroit : encore serait-il bon de laisser la cave ouverte ; car, plus il fait chaud, plus vite se forme la crême (voilà ce que l'on doit faire en été). Lorsque le dépôt crémeux est complet, ce dont on est sûr quand, en divisant ce dépôt avec la lame d'un couteau on voit en dessous le lait avec une teinte bleuâtre, on écrême chaque pot qui en a besoin ; on dépose le tout dans une terrine que l'on place à la cave pour maintenir la crême plus fraîche ; on écrême tous les jours, mais on ne fait le beurre qu'une fois par semaine au plus. Durant les grands froids, on est quelquefois obligé d'approcher les pots du feu, sans quoi le dépôt crémeux serait trop longtemps à se former.

Il y a deux manières d'écrémer :

1° Chaque pot est percé à sa partie inférieure ; quand on le débouche, le lait sort, et au fond reste la crême ; ce procédé est inconnu dans la plupart des campagnes. Néanmoins il est simple et très expéditif, en agissant ainsi, on ne laisse jamais de petit lait mélangé avec la crême ; ce qui arrive fréquemment quand on se sert de la cuillère percée, appelée écrémoire ;

2° Si la femme se sert de l'écrémoire dont nous venons de parler, il lui est impossible de ne pas prendre de lait avec la crême ; tout en usant de bien des précautions, surtout quand elle arrive à la fin du dépôt crêmeux. Qu'arrive-t-il alors? La crême mélangée avec une quantité notable de petit lait perd beaucoup de sa qualité. Nous recommanderons encore à nos vigilantes ménagères d'écrémer avant que le lait soit caillé, et nous dirons qu'en été, par un temps chaud, toute la crême est montée en 12 heures; ajoutons que la terrine où l'on dépose la crême doit être percée à sa partie inférieure ; la femme aura soin tous les jours de la déboucher, afin de faire égoutter le petit lait; c'est en agissant ainsi que l'on maintiendra la bonne qualité de la crême.

Lait à la crême.

Le lait à la crême, si recherché sur les marchés de Paris, n'est rien autre chose que du lait frais mêlé à une certaine quantité de crême.

Serum ou petit lait qu'en Beauce on appelle maigre.

Quand on a ôté la crême qui couvrait chaque pot, peu importe à quel procédé on ait eu recours pour faire cette opération, ce qui reste se nomme serum ou petit lait. Il peut servir de nourriture aux veaux, auxquels on le donne chaud. Plus généralement, dans nos campagnes, on en fait du caillé, en y détrempant un peu de présure; si l'on en met trop, le fromage est sec et moins bon. Nous recommandons bien à nos ménagéres d'acquérir cette connaissance, l'expérience accompagnée d'un peu de réflexion les mettra bien vite au courant.

Falsification du lait.

Il y a plusieurs moyens de falsifier le lait : à Paris, on le falsifie en remplaçant la crême par l'amidon bouilli, le lait d'amandes douces ou la cassonnade; on y mêle du carbonate de potasse pour l'empêcher de tourner.

CHAPITRE XIII.

DU BEURRE.

Généralement on fait le beurre tous les 8 jours. Le beurre est une substance grasse, que l'on parvient à séparer de la crême par plusieurs procédés : baratte ordinaire, sérêne, baratte atmosphérique. Expliquons ou plutôt passons en revue ces trois manières d'opérer :

1° *Baratte.* — Nous croyons inutile de décrire la baratte ancienne : tout le monde la connaît ; pour faire le beurre de cette manière il faut élever et abaisser successivement le bat-beurre. Si la quantité de crême est considérable, l'opération devient fatigante, et exige une grande force physique ; d'autant plus qu'en hiver surtout, la séparation de la crême et du lait est difficile à obtenir ; on n'y parvient quelquefois qu'après un temps considérable.

La baratte ancienne ne peut convenir qu'aux petits particuliers qui n'ont que peu de crême ; aussi a-t-elle été abandonnée dans les fermes de quelque importance, on l'a remplacée par la sérêne.

2° *De la sérène.* — C'est une barrique d'un mètre de longueur, sur quatre-vingt-trois centimètres de diamètre : nous donnons ici la dimension la plus commune ; elle est horizontalement suspendue, ses deux fonds sont armés de manivelles qui y tiennent solidement par des croix en fer. Ces deux manivelles sont appuyées sur un chevalet, l'intérieur est divisé par quatre planchettes de cinq à six centimètres de largeur chacune, et échancrées à leur extrémité. Ces planchettes sont attachées perpendiculairement aux douves, on fait tourner la barrique comme une broche et l'on pourrait employer une mécanique comme moteur, c'est-à-dire pour lui imprimer le mouvement nécessaire ; on a depuis quelque temps varié et même changé le mode de la sérène. Du reste l'emploi en est devenu si commun qu'il est superflu d'entrer dans de plus longs détails à ce sujet.

3° *De la baratte atmosphérique.* — Un américain vient d'inventer une nouvelle baratte, qu'il appelle baratte atmosphérique ; elle est encore très-peu connue, mais son emploi deviendra certainement général et dans peu de temps : tant elle est simple et commode. Nous croyons devoir en donner la figure pour en faciliter la connaissance ; elle est d'une construction si facile que le dernier ouvrier de la campagne en peut faire. Mais l'inventeur a gardé son brevet d'invention, il est par conséquent interdit d'en fabriquer en suivant le même mode : on s'exposerait à un procès qu'on serait sûr de perdre. Évitons donc de perdre notre argent ; du reste, la machine est peu coûteuse, il y en a de toutes les dimensions et par là même de tous les prix ; avec elle on fait son beurre en cinq minutes au moins, en dix minutes au plus. (*Voir fig.* 4, 5, 6 *et* 7, *page* 32.)

Le chiffre 5 indique le corps entier de la baratte atmosphérique : il est cylindrique et partout ayant le même diamètre ou la même largeur ; c'est une condition essentielle ; elle est en fer blanc, sans doute pour qu'elle soit plus légère, plus portative et moins coûteuse ; mais on peut la construire en bois, en gardant toutefois la forme régulièrement cylindrique.

Le chiffre 6 indique l'ouverture servant de passage au bat-beurre.

Le chiffre 8 indique une partie du bat-beurre introduit dans le vaisseau,

Le chiffre 7 montre un levier mobile servant à élever et à abaisser le bat-beurre, pour faciliter le mouvement et diminuer la fatigue.

Les chiffres 1, 2, 3 indiquent le bat-beurre avec toutes ses parties.

Le chiffre 1 indique la partie inférieure qui consiste en un disque de fer blanc de même diamètre que la baratte, qui glisse à frottement doux le long des parois intérieures du corps de la baratte. Il est percé de plusieurs trous qui laissent passer la crême au-dessus du disque quand on abaisse le bat-beurre, et au-dessous quand on l'élève.

Le chiffre 2 indique la tige du bat-beurre, elle est creuse dans toute sa longueur.

Il peut y avoir deux bras au moyen desquels on élève et on abaisse l'appareil. Quand il y a un levier, ces deux parties de bras deviennent inutiles et n'existent pas.

Le chiffre 3 indique une soupape en cuir qui s'élève et s'abaisse alternativement ; c'est là la partie caractéristique et distinctive de la nouvelle baratte. Toutes les fois que le bat-beurre s'abaisse la soupape s'ouvre, et l'air pénètre par le creux de la tige jusqu'au-dessous de la crême ou du lait ; quand au contraire on l'élève, la soupape se ferme et empêche l'air qui vient de s'y introduire de s'échapper de la baratte. Cet air emprisonné et mêlé à la crême par le mouvement du bat-beurre produit un bouillonnement considérable et continuel : telle est la véritable cause qui accélère la séparation du beurre. Quelque exacte et claire que soit notre explication, les yeux feront encore mieux comprendre ; il est donc avantageux d'en voir une manœuvrer ; il y en a des dépôts dans toutes les villes, et de tous prix, depuis 5 fr. jusqu'à 60 fr. [1]

Avec le nouvel appareil on n'a pas besoin de laisser crêmer le lait, on peut faire le beurre avec le lait sortant du pis de la vache : quelle économie de temps, plus de crême vieillie ; toujours du beurre frais quand on le désire. N'oublions pas de dire que pour obtenir le beurre si promptement, il faut que le lait ou la crême soit maintenue constamment pendant l'opération à une chaleur de 30 degrés : alors, il faut que la baratte atmosphérique soit plongée dans un bain-marie ; c'est-à-dire dans de l'eau chauffée à 20 degrés. On s'assure du degré de chaleur au moyen d'un thermomètre que l'on plonge dans l'eau. C'est un instrument fort répandu et peu coûteux : 1 fr. au plus.

CHAPITRE XIV.

MANIÈRE DE PRÉPARER LE BEURRE.

De quelque appareil qu'on se serve pour séparer le beurre de la crême, on reconnaît qu'il est fait quand au fond de la baratte il tombe comme

[1] Orléans, chez M. Guenebeaux, rue Royale.

une masse. On retire alors la partie séreuse qui s'en est séparée (en Beauce *baratté*) par un trou hermétiquement bouché au moyen d'un bondon de bois. Le beurre seul reste dans le vaisseau. On verse alors un seau d'eau fraîche par la bonde, on referme le vase, on tourne, on laisse ensuite échapper l'eau ; on recommence cette manœuvre jusqu'à trois fois dans le but de laver parfaitement le beurre et de le dépouiller de la partie séreuse qu'il pourrait avoir retenue. Ce que nous venons de dire s'applique à la sérène. On peut agir de même quand on se sert de la baratte ancienne ou de la baratte atmosphérique ; seulement, pour faciliter l'opération, il faut pratiquer un trou à la partie inférieure du vaisseau pour faire écouler l'eau destinée à laver le beurre. Quand il est bien égoutté, on le retire par pelotte avec la main, on le façonne sur un battoir, en le frappant pour en faire sortir ce qui peut rester de liquide ; puis on lui donne différentes formes selon l'usage du pays que l'on habite. Généralement, le poids de chaque morceau est d'une livre ; surtout point de baratté dans le beurre ; autrement il aigrirait bientôt.

Nous engageons toutes les femmes de la campagne à suivre ponctuellement la méthode indiquée pour la préparation du beurre ; elles y trouveront leur profit en se faisant une bonne réputation. Les acheteurs les reconnaîtront bientôt et n'hésiteront point à le leur payer plus cher. Certaines ménagères, voyant leur beurre trop blanc, cherchent à lui donner de la couleur, s'imaginant pouvoir tromper ainsi le marchand, c'est une grave erreur; il est toujours facile de reconnaître cette couleur empruntée. Plusieurs substances peuvent être employées à cette usage; les plus ordinaires sont : 1° les fleurs de souci ; 2° les fleurs de safran; 3° les graînes mûres ou baies d'asperges, etc., tout cela ne détériore nullement le beurre, mais n'en augmente pas la qualité.

CHAPITRE XV.

DU BARATTÉ OU LAIT DE BEURRE.

Le lait de beurre ou baratté n'est point à dédaigner, on l'emploie à plusieurs usages : 1° on le donne aux veaux qu'on élève, c'est donc une économie ; 2° si l'on n'a point de veau, le porc s'en régalera. Nous avons souvent vu les gens de la campagne en faire des trempées en été ; ou bien de la soupe. Nous y avons goûté bien des fois, et nous l'avons trouvée délicieuse.

CHAPITRE XVI.

DU FROMAGE.

Il nous reste à considérer le laitage dans son troisième état, c'est-à-dire à l'état de fromage ; il y en a de bien des sortes et bien des manières de le fabriquer.

1° Quand on a écrêmé le lait, on y mêle une petite quantité de présure, puis on le laisse cailler : c'est la méthode la plus généralement suivie en Beauce, où l'on ne fait du fromage que pour le besoin de la maison : on ne vend que ce qui excède la consommation. C'est du fromage maigre, il s'en vend une quantité prodigieuse sur les marchés des villes de Beauce. On le sale, on le fait sécher dehors, où des miliers de mouches viennent y déposer leurs œufs, que l'on voit plus tard éclore et donner naissance à des vers. Il serait facile d'obvier à ce grave inconvénient en mettant le fromage à l'abri des insectes au moyen d'une toile légère et fort peu coûteuse.

On le fait affiner ensuite à la cave ou dans un cellier frais sans être humide, en le plaçant sur des planches ; on le frotte très-légèrement avec de l'huile, on détruit ainsi toutes les mites et le germe de tous les vers ; on l'enveloppe de lie de vin ou de linges imbibés de vinaigre, ou de vin blanc : si vous employer la cendre (ce qui est malpropre), n'en mettez qu'une très-légère couche, ou bien enveloppez-le simplement avec les larges feuilles de platane : c'est là pratique observée par tous les marchands de fromages dits d'Olivet.

2° On fait du fromage avec le lait non écrémé, ou le met immédiatement en présure ; ensuite on agit comme précédemment, c'est-à-dire qu'on dépose cuillerée à cuillerée le lait caillé dans des vases conditionnés tout exprès pour que le petit lait s'écoule, on obtient ainsi des fromages gras. Le petit lait est destiné à la nourriture du porc.

3° Le fromage de gruyère est ainsi appelé parce qu'il se fabrique à Gruyère, près de Fribourg, en Suisse : on le fabrique avec du lait cuit.

4° Le fromage de Brie est ainsi nommé parce qu'il se fabrique dans la Brie, petite province de France. Il provient d'un lait non cuit, on le fait égoutter sur des claies d'osier et on le transporte avec des nattes de jonc sur les planches de la laiterie ; on enlève la mousse farineuse qui se forme

à la surface, on sale comme à l'ordinaire et l'on
est sûr que le fromage est achevé lorsqu'il se
forme en dessus une couenne bleuâtre parsemée
de tâches rouges.

5° Le fromage du Mont-d'Or se fait avec le lait
de chèvre.

6° Le fromage de Sassenaye s'obtient avec le
lait de vache mêlé à celui de brebis et de chèvre.
On délivre tous ces fromages des mites et des vers
qui les assiégent, en les frottant d'huile, comme il
a été dit plus haut. Dans toutes les localités où
le beurre se vend bien, on ne fait point de fromages gras.

CHAPITRE XVII.

DES MALADIES DE LA VACHE ET DES BÊTES
A CORNES.

La vache, ce précieux animal, source unique
de l'aisance de la chaumière, est, comme tous les
autres animaux domestiques, sujette à plusieurs
maladies. Sans doute il appartient à l'homme de
l'art de soigner la vache malade ; néanmoins il est
bon que chaque personne soit mise au courant
des principales maladies dont elle peut être atteinte, afin de pouvoir donner les premiers soins,

lui procurer les premiers soulagements en attendant l'arrivée du vétérinaire.

1° *Fluxion catarrhale fixée à la tête,* — La
vache alors éprouve des vertiges ; on lui fait dans
cette circonstance respirer les vapeurs d'une décoction de tussillage ou pas-d'âne, de bouillon
blanc, de violette, de sureau, de fleurs de mauves,
de guimauves ; toutes ces plantes sont communes
et bien connues. Du reste, il suffira de les demander à l'herboriste ou au pharmacien. On en-
capuchonne la tête de l'animal afin de lui faire
respirer la plus grande quantité possible de vapeur ; enfin, on lui administre des lavements com-
posés des mêmes décoctions, c'est-à-dire des
mêmes plantes bouillies.

2° *Fluxion catarrhale fixée à la poitrine.* —
Voici les symptômes auxquels on reconnaît que
l'animal est atteint de cette affection dangereuse :
la vache est fatiguée par une toux opiniâtre ; ayez
soin de lui administrer des lavements émollients
et purgatifs, c'est alors l'affaire du vétérinaire
qu'il faut s'empresser d'appeler.

3° *Convultions épileptiques.* — Il serait à désirer sans doute que chaque particulier fût bon
vétérinaire ; mais, comme cela n'est pas possible,
il faut appeler l'homme de l'art. En pareille cir-

constances, il est urgent de recourir à la saignée, aux purgatifs en breuvages ou en lavements.

4° *Perclusion des jambes,* — Il arrive assez fréquemment que la vache résidant continuellement dans une étable humide, est atteinte d'une perclusion des jambes, c'est une véritable paralysie rhumatismale. Il est indispensable en pareil cas de recourir aux emplâtres et aux vésicatoires appliqués sur les cuisses. Quand on connaît bien la maladie et qu'on a vu opérer un vétérinaire habile, on est instruit pour l'avenir, on tient note de tout; et, quand le même cas se présente, on peut agir soi-même. De là nous devons conclure qu'il ne faut jamais négliger d'acquérir les connaissances qui nous sont nécessaires.

5° *Maladies contagieuses, épidémiques, Fièvres particulières et putrides, enfin épizootie.* — Une maladie est contagieuse quand elle se gagne au contact des malades. Nous dirons en passant qu'il y a peu de maladies contagieuses. La médecine moderne l'a démontré en s'appuyant sur des faits extrêmement remarquables. Ainsi, il est prouvé que le choléra ne se gagne pas, dût-on même coucher avec un cholérique. Ayons donc le courage de soigner nos parents et nos amis quand sévit ce terrible fléau.

Une maladie est épidémique quand elle frappe dans la même contrée tous les individus de même constitution, et placés dans les mêmes circonstances physiques ou morales. Concluons que le choléra est épidémique et non contagieux.

La peste est encore épidémique plutôt que contagieuse. Citons ici l'expérience du célèbre médecin Desgenettes, qui fit partie de l'expédition d'Égypte sous le Consulat de Napoléon. Il eut à combattre la peste de Jaffa, qui décimait l'armée Française, et ne craignit point; pour relever le courage des soldats, de s'inoculer au bras, en présence de toute l'armée, le virus pestilentiel, c'est-à-dire le pus provenant des boutons dont les pestiférés étaient couverts, le fléau ne le frappa point. Nous devons admirer ce dévouement sublime, néanmoins la prudence nous fait un devoir d'éviter les pestiférés qui n'ont pas droit à notre assistance particulière.

On appelle épizootie, une maladie épidémique qui sévit sur les bestiaux. Ces fléaux terribles ont été connus dans tous les temps ; les historiens et les poëtes de l'antiquité nous en ont fait d'admirables et navrantes descriptions. La Grèce et l'Italie en ont été les victimes ; le bon Lafontaine a su en tirer le sujet d'une admirable fable intitulée : *Les animaux malades de la peste.* Vous avez sans doute entendu dire que de nos jours, en 1867 et 1868, une épizootie terrible avait frappé surtout la race bovine en Angleterre, en Belgique, en Prusse, dans quelques contrées de l'Allemagne et de l'Autriche. La France, grâce à Dieu, en a été jusqu'ici préservée ; ce fléau ne laisse le plus souvent aucun espoir, et l'art vétérinaire avoue son impuissance. On ne doit s'attacher qu'à le prévenir et à en préserver les bêtes qui n'en sont pas atteintes en les changeant de climat, en redoublant de soin pour entretenir la plus grande propreté dans les étables. Pour purifier l'air, faisons de fréquentes fumigations avec des plantes aromatiques, telles que thym, romarin, lavande, pour neutraliser les germes pestilentiels, en recourant aux lavages à l'eau chlorurée, ou plutôt au chlorure de chaux liquide ; badigeonnons avec un lait de chaux les murs intérieurs de l'étable.

6° Les bêtes à cornes sont sujettes comme les chevaux à la morfondure, à la météorisation, aux tranchées, à la fluxion de poitrine, à la gale, etc.

1° La morfondure est une véritable courbature : voici les symptômes qui vous annonceront cette affection. L'animal est triste, abattu ; il a la bouche brûlante, une soif difficile à étancher, le poil terne, la peau sèche ; il est constipé et refuse de manger; quatre jours après l'invasion de la maladie, il tousse et râle. Alors ayons recours au vétérinaire et gardons-nous d'employer des remèdes de commères qui pourraient nous faire perdre notre vache au lieu de la guérir.

2° La mauvaise nourriture ou l'excès de nourriture occasionne des tranchées ; pour les guérir, on use de lavements purgatifs. On emploie aussi avec efficacité l'éther à la dose de cinquante ou soixante grammes, ou bien une once de sel de nitre dissous dans un grand verre d'eau.

3° Si la vache est atteinte de météorisation, c'est-à-dire si elle a le ventre enflé, le remède le plus efficace est de lui faire avaler une cuillerée d'ammoniaque ou alcali volatil étendu d'un verre d'eau : on continue la même dose jusqu'à ce que la météorisation ait totalement disparu, ce qui a lieu ordinairement au bout d'une heure.

4° La gale est une maladie de peau : on la traite à l'intérieur et à l'extérieur : la première fois, il sera utile de recourir au vétérinaire ; on prendra note du traitement qu'il aura ordonné de suite ; plus tard, si la même affection reparaît, on saura comment la guérir.

CHAPITRE XVIII.

A QUELS SIGNES RECONNAIT-ON L'AGE DE LA VACHE ?

Quand un particulier achète une vache, son intention est et doit être de l'acheter jeune ou toute au. moins peu avancée en âge ; il est donc d'une extrême importance de savoir à quels signes on reconnaît l'âge du bœuf et de la vache. Il est très-facile de savoir l'âge du bœuf et de la vache à l'inspection de leurs dents incisives ou tranchantes : ce sont celles de devant, et à leurs cornes qui deviennent plus longues et plus grosses que celles du taureau

1° A l'inspection des dents : à dix-huit mois, les premières dents tombent et sont remplacées par d'autres moins blanches et plus larges ; à trois ans, toutes les dents de lait sont renouvelées ; elles sont alors égales, longues, blanches : et à un âge plus avancé, elles deviennent inégales et noires : n'achetons point une vache chez laquelle nous apercevons ces signes.

2° A l'inspection des cornes : à dater de la quatrième année, il se forme aux cornes tous les ans un bourrelet circulaire en commençant par la base. Ces bourrelets sont distants entre eux, et le premier de la base est à une certaine distance de l'origine des cornes.

Si la vache a un bourrelet, elle a quatre ans; si elle en a deux, elle a cinq ans; si elle en a trois, elle a six ans; ainsi de suite. On voit que pour connaître l'âge exact de l'animal, il faut compter le nombre des bourrelets de ses cornes et y ajouter trois; ainsi, une vache dont les cornes portent six bourrelets a neuf ans.

LIVRE III.

CHAPITRE Ier.

DU COCHON OU PORC.

L'animal domestique qui vient en première ligne après la vache, pour les simples particuliers, c'est le cochon. Aussi, allons-nous l'étudier avec autant de soin que nous avons fait de la vache : ce second nourricier de la chaumière mérite une étude non moins sérieuse et non moins approfondie. On appelle verrat le porc que l'on garde quand on veut avoir des petits : c'est le mâle ; la femelle se nomme truie, et l'on donne à ses petits le nom de pourceaux ou de cochons de lait. Cet animal est sale et goulu ; mais ce qu'il y a de précieux en lui, c'est qu'il s'accommode de toutes les sortes de nourriture. Quoique naturellement malpropre, disons mieux, à cause de cette malpropreté habituelle, il doit être tenu très-proprement, car la propreté contribue à sa santé, à son développement et à son embonpoint.

On désigne sous le nom de porcher le valet ou l'enfant spécialement chargé de mener les porcs aux champs ; on les y conduit dès le matin et deux fois le jour en été, mais non en hiver ; car ces animaux sont frileux et redoutent beaucoup le froid. Rien ne contribue plus efficacement à les engraisser que les glands, les faînes et les châtaignes, etc. : nous en parlerons plus tard ; ils paissent avec plaisir jusque dans la fange. Quand la truie est pleine, on la sépare du verrat qui pourrait la blesser et même manger ses petits quand elle a mis bas.

Trois semaines après leur naissance, on mène les pourceaux aux champs, et on leur donne soir et matin de l'eau blanche avec du son. Au bout de deux mois on les sèvre, et l'on fait un choix de ceux que l'on désire garder ; on conserve une femelle sur quatre mâles et on vend le reste. On leur donne alors soir et matin du petit lait mêlé avec du son et des lavures de vaisselle, avec des fruits pourris et des navets hachés. On les châtre à six mois ; les cochons bien nourris deviennent très-gros et très-gras au bout de deux mois. Le cochon vit de 15 à 20 ans ; on ne lui laisse jamais prolonger si long-temps son existence, car on le tue ordinairement à deux ans. Comme nous nous adressons aux petits particuliers qui rarement font des élèves, il est inutile d'entrer à ce sujet dans de plus longs détails.

CHAPITRE II.

DU FUMIER DE PORC

La production du fumier est d'une extrême importance dans la grande et la petite culture, dans cette dernière surtout où le nombre des animaux domestiques se réduit à deux, on doit comprendre qu'il ne faut rien négliger quand il s'agit de se procurer des engrais. Or, sous le rapport de la production du fumier, on peut affirmer qu'il n'y a pas un animal domestique plus profitable que le cochon. C'est lui qui, à quantité égale de nourriture, donne la plus grande quantité et la meilleure qualité de fumier. Toutefois nous supposons, en parlant ainsi, qu'on arrange les choses de manière à ne pas laisser s'écouler hors de la loge l'urine de l'animal, mais qu'on prend soin de la faire absorber par une quantité suffisante de litière. Le fumier de porc sent mauvais, et l'on craint qu'il ne communique sa mauvaise odeur à certaines récoltes : il y a là une exagération de crainte que rien ne justifie ; d'ailleurs on le mélange avec d'autres.

CHAPITRE III.

MANIÈRE D'ENGRAISSER LES PORCS.

1° On parvient à engraisser parfaitement les cochons au moyen du lait aigre écrémé, auquel on ajoute seulement, sur la fin de l'engraissement, un peu de farine de pois, de maïs, d'orge, de sarrazin ou de féveroles. Les deux dernières farines paraissent inférieures aux autres : l'expérience l'a démontré. Quand on a commencé à engraisser avec du lait aigre, on ne doit jamais le supprimer, car alors avec toute autre nourriture, on verrait l'animal diminuer au lieu d'augmenter.

2° On engraisse plus fréquemment et peut-être aussi avec une plus grande économie les cochons avec des racines alimentaires : les carottes, les panais, les pommes de terre sont ce qui convient le mieux dans cette circonstance. Ces racines doivent être cuites et mêlées à une portion de grains, soit réduits en farine, soit cuits avec les pommes de terre.

CHAPITRE IV.

MANIÈRE ÉCONOMIQUE DE FAIRE CUIRE CES RACINES ALIMENTAIRES.

Si nous nous adressions aux grandes exploitations agricoles, nous dirions : ayez un tonneau dans lequel vous ferez cuire le tout à la vapeur ; mais comme nous n'avons ici d'autre but que d'éclairer les petits particuliers qui n'ont qu'une vache, deux au plus, qui n'élèvent qu'un porc à la fois et très-rarement deux, nous leur recommanderons de faire cuire les pommes de terre dans un four ordinaire : or, chaque chaumière a le sien. Quand le pain est cuit et retiré, si la chaleur restante suffit encore à la cuisson des pommes de terre, qu'on s'empresse de les mettre au four ; si l'on craint au contraire que la chaleur soit insuffisante, on en élèvera le degré en brûlant, soit un peu de menu bois, soit des chardons cueillis sur les grands chemins, soit enfin des ronces arrachées dans les champs, ou bien des racines de luzerne ramassées dans l'été, des racines de colza ou autres plantes ne pouvant être employées comme fourrage.

6

On a remarqué que l'accroissement de l'animal mis à l'engrais, est plus prompt quand on fait aigrir la nourriture qu'on lui destine. Pour avoir de cette nourriture constamment aigre, voici le procédé qu'on emploie : on mêle un demi hectolitre de farine de maïs, de pois, d'orge ou de sarrazin. etc., etc., avec deux ou trois hectolitres de pommes de terre cuites et écrasées pendant qu'elles sont bien chaudes, et cela, sans ajouter d'eau ou du moins très-peu, on y mêle quelques livres d'un levain aigre de farine d'orge préparée à l'avance. La masse se gonfle et devient fort aigre, on la délaye dans de l'eau quand on veut la donner à l'animal. Au début de l'engraissement, cette nourriture sera très-claire ; on la tiendra de plus en plus épaisse à mesure qu'on avancera dans l'engraissement. On peut préparer de cette pâte pour huit ou dix jours au moins ; car plus elle est aigre, meilleure elle est. Quand la quantité est presque épuisée, on garde ce qui reste pour servir de levain à une nouvelle cuvée.

Si l'on se trouvait dans le voisinage de quelque usine où l'on fabrique l'eau-de-vie de pommes de terre, on ne saurait employer plus utilement les résidus qu'à l'engraissement des cochons. On les leur donne aussitôt qu'ils sont refroidis ; les résidus de la distillation des grains n'ont besoin d'aucune addition ; mais ceux qui proviennent de la distillation des pommes de terre exigent, sur la fin de l'engraissement, l'addition d'un peu de grains moulus ou cuits, autrement le lard serait mou et d'une médiocre qualité.

Quand les grains sont chers, il n'est pas profitable d'engraisser un cochon ; cependant, on peut toujours calculer par avance son gain ou sa perte. En effet, de nombreuses expériences faites à ce sujet ont mis à même de constater qu'un bon cochon augmente en poids de 20 à 25 livres par hectolitre de grains, moitié orge et moitié pois. Si les cent livres d'orge et de pois mêlés coûtent moins que les 25 livres de viande, vous êtes en gain ; si au contraire elles coûtent plus, vous êtes en perte.

Dans tous les cas, les grains donnés en nourriture doivent être au préalable cuits ou moulus grossièrement : faites du tout une pâte que vous laisserez aigrir, comme nous l'avons recommandé plus haut.

Les cochons, ainsi que tous les bestiaux à l'engrais, doivent recevoir à chaque repas une dose suffisante de nourriture de manière à être complétement rassasiés, sans pourtant en laisser : il y aurait excès dans ce dernier cas, ce qui serait préjudiciable.

L'engraissement est bien plus avantageux quand on le commence avec des bêtes déjà en bonne chair plutôt qu'avec des bêtes très-maigres, qui demandent trop longtemps pour acquérir la quantité convenable de chair; car il faut qu'elle l'acquièrent avant d'engraisser. Il est donc très-important que l'animal soit de longue date maintenu en bon état au moyen d'une nourriture suffisante, avant de penser et de chercher à l'engraisser. Un cochon bien nourri peut être à six mois aussi bon à engraisser qu'un autre de la même race à un an, s'il a été mal nourri.

Il y a des personnes qui engraissent les cochons avec la chair des chevaux abattus par les équarrisseurs, et on a remarqué qu'ils s'accommodent parfaitement de ce genre d'alimentation ; mais on améliore beaucoup leur viande en les soumettant durant le dernier mois de leur existence à une nourriture végétale, telle que nous l'avons prescrite précédemment.

L'engraissement dans les bois est le plus économique. L'animal n'arrive pas alors à son plus grand développement de graisse ; mais en revanche le gland lui fait acquérir une chaire très-ferme et d'une qualité supérieure. La châtaigne est également une excellente alimentation. Quant au fruit du hêtre, que l'on appelle faîne, le cochon le mange avec plaisir ; mais cette nourriture lui donne une chair flasque et un lard sans consistance qui suinte dans les grandes chaleurs. Cette prescription ne peut être générale, puisque bien des pays sont privés de bois : la Beauce surtout.

Parmi les condiments, c'est-à-dire les assaisonnements que l'on peut mêler aux aliments des porcs pour exciter leur appétit, entretenir leur santé, éloigner d'eux les maladies pernicieuses, le meilleur et le plus à la portée de tous est le sel ordinaire. On doit l'administrer à chaque animal à la dose de vingt grammes par jour.

La durée de l'engraissement complet est de trois à quatre mois. Le cochon peut dans cet intervalle doubler de poids.

Enfin, répétons en finissant ce chapitre, que toujours et principalement à l'époque de l'engraissement, les repas de l'animal doivent être très-réguliers et ponctuellement à la même heure ; autrement il s'agite, se tourmente et se fatigue.

CHAPITRE V.

DE LA LOGE DU COCHON.

Elle doit être spacieuse et bien aérée ; les gens de la campagne se montrent trop peu soucieux à cette égard ; disons le mot, ils sont d'une négligence impardonnable : l'animal est logé dans un trou malpropre et sans air. L'auge dans laquelle on dépose sa boisson et sa nourriture doit être pratiquée en dehors de la loge, afin qu'il soit plus facile de la nettoyer et de lui donner ses repas sans entrer.

Rien n'est moins convenable que de tenir les porcs constamment enfermés, attendu qu'ils exhalent une odeur désagréable qui infecte l'air qui les environne et qu'ils respirent.

Quoique nous ayons dit qu'ils se plaisent à se vautrer dans la fange, ils ont néanmoins des habitudes de propreté qu'on ne remarque point dans les autres animaux domestiques : en effet, la vache, le mouton, le cheval fientent çà et là, partout où ils se trouvent ; le cochon au contraire ne laisse jamais tomber d'excrément dans sa loge, s'il peut aller dehors ; s'il est tenu continuellement enfermé, il les dépose dans un coin près de la porte.

Si l'emplacement ne vous manque pas, établissez devant sa loge une petite cour où il pourra sortir librement et prendre l'air. Si vous avez une mare, conduisez-le se baigner dans la belle saison : le bain lui est plus nécessaire qu'à tous nos autres animaux domestiques : il le rafraichit et prévient les maladies graves auxquelles il est exposé prin-

cipalement en été. Comme il se vautre habituellement dans la boue, sa peau se couvre d'ordures.
et si les bains lui manquent, cette malpropreté
engendre une vermine qui l'incommode beaucoup
et l'empêche de profiter. Procurons lui donc deux
avantages, savoir : la propreté et la liberté. Quand
parfois on lui ouvre la porte de sa loge, comme il
s'empresse d'en sortir ! comme il court ! comme il
se sent heureux ! la liberté est donc un de ses ins-
tincts, il faut le satisfaire.

CHAPITRE VI.

CHOIX D'UN PORC.

Nous avons démontré la nécessité de savoir
choisir une bonne vache, on doit apporter le
même soin au choix du cochon.

Comme les particuliers dans la petite culture le
destinent exclusivement à la consommation, ils
doivent rechercher de préférence les porcs dont la
croissance est la plus rapide, et qui, pour une
quantité déterminée de nourriture prise, fournissent la plus grande proportion de chair et de
graisse. Les caractères extérieurs qui font connaître les qualités du porc dont nous devons faire
choix sont les suivants :

1° Qu'il ait toujours une peau fine, des os petits, des jambes courtes, une tête légère,

2° Que sa poitrine soit vaste, ses épaules bien écartées, le coffre cylindrique et long, le dos large et droit, les côtes arrondies et le train de derrière amplement développé. Il y a bien des espèces de porcs, nous n'en signalerons que deux :

1° *La race normande.* — Ceux qui appartiennent à cette race ont les oreilles longues, épaisses et pendantes.

2° *La race anglaise.* — Les animaux de cette race ont les oreilles petites et dressées.

CHAPITRE VII.

PRÉPARATION DE LA VIANDE, SAUMURE.

Quand on a tué le porc, on le coupe en morceaux de une à deux livres, que l'on sale abondamment un à un ; on les tasse à mesure dans une pote ou tinette, ou terrine en grès, couche par couche et sans vide. Sans cette précaution, l'air enfermé dans ces vides ferait gâter la viande ; quand l'opération est finie et le tassement régulièrement effectué jusqu'au haut de la terrine, on recouvre le tout d'une couche de sel. Il est essentiel que la personne qui découpe et sale n'ait pas mauvaise haleine, que le couvercle bouche bien hermétiquement le vase pour que l'air n'y puisse pénétrer.

Quand la provision de viande est épuisée, il ne reste plus dans la terrine que du sel fondu appelé saumure ; ne la jetez pas, mettez ce liquide dans une casse ou chaudron, soumettez-le à l'action du feu, jusqu'à complète évaporation du liquide, vous retrouverez une partie notable de tout le sel employé à la salaison de la viande, et vous l'utiliserez pour assaisonner les aliments de la vache ou du nouveau porc.

CHAPITRE VIII.

RÉFLEXIONS SUR L'USAGE DE LA VIANDE DE PORC.

Chez certains peuples habitant des contrées excessivement chaudes, le porc ne donne jamais une viande saine : sa chair est ladre et peut communiquer des maladies graves. C'est ce qui explique pourquoi les Juifs et les Arabes ne mangent pas de porc. Pour rendre la défense plus obligatoire et plus sacrée, la religion s'en est mêlée. Quiconque blâmerait Moïse et Mahomet d'avoir prohibé l'usage

de la viande de cet animal, reputé immonde chez
eux, ferait preuve de la plus grossière ignorance en
hygiène et en physiologie. Nous le répétons donc
avec la conviction de la vérité : ces législateurs ont
bien mérité de leur patrie, en s'occupant de la santé
publique. Ils ont sagement agi en plaçant cette
défense sous la sauvegarde et la sanction de la
religion. Les impies auront beau dire et beau
faire, la religion exercera toujours sur le cœur
de l'homme droit un puissant et légitime empire.
Ce ne sont point les chimères ni les utopies de
nos philosophes irréligieux qui changeront la nature humaine.

Ce qui est vrai pour les climats excessifs, ne
l'est plus pour les contrées tempérées et septentrio-
nales. En effet, pour les habitants de ces pays, la
chair de porc est la viande la plus saine, la plus
nutritive. Voyez dans la plus haute antiquité : les
héros d'Homère ne mangent que du porc et toujours
du porc rôti; Virgile nous montre le pieux Enée et
ses compagnons d'infortune se régalant de la chair
de sanglier. Nos premiers rois eux-mêmes ne man-
geaient que du porc.

N'allons pas croire que la viande d'un veau de
quinze jours ou trois semaines soit saine, non, elle
ne peut que compromettre la santé. La preuve la
plus convaincante que nous puissions en donner,

c'est que les médecins ordonnent le bouillon de veau pour préparer à une purgation. Tout ce qui n'est pas fait, viande ou fruit, est nuisible à la santé. Pourquoi la chair de la vache ou du bœuf serait-elle meilleure que celle du porc ? Quand la science étudie et analyse ces trois sortes de viande, elle ne trouve en elles que les mêmes éléments constitutifs. On entend généralement dire : la chair de porc est lourde à l'estomac : entendons-nous. Les estomacs des habitants des villes, nullement habitués à cette viande, ou ruinés par les excès de tous genres, ou ne se nourrissant que de chair blanche, trouvent lourde la viande de porc. Ce n'est pas la viande de porc qui est mauvaise, c'est leur estomac qui ne vaut rien.

Quant à vous, habitants des campagnes, n'abandonnez pas votre régime ; laissez pour les citadins énervés le veau et la vache : allez toujours chercher votre morceau de viande à la tinette.

Nous nous rappellerons toujours les paroles sensées d'un robuste villageois que nous avions régalé d'un délicieux fricandeau : il venait nous convier à ses noces. Voilà qui est bon, dit-il, mais je sens que mon estomac n'est pas satisfait ; j'aime mieux mon morceau de lard accoutumé ou une épinée rôtie au four. Il avait bien raison, j'aurais affaibli ce robuste campagnard si je l'avais toujours eu à ma table. Concluons que rien n'est meilleur que la viande de porc pour les.personnes solidement constituées.

CHAPITRE IX.

LA FÊTE AU BOUDIN.

En Beauce, jamais un particulier n'a tué son porc sans faire la fête au boudin : c'est un acte solennel que ce sacrifice. Monsieur le curé reçoit le premier son offrande; l'instituteur vient ensuite, puis graduellement les proches parents et les amis intimes. Là s'arrête la distribution du boudin, le reste sera consommé dans une réunion de familles et d'amis. Le repas est copieux et varié ; voici la carte de ce festin, que nous sommes loin de désapprouver :

1° Un plat de mou ;

2° Un plat de foie ;

3° Une ou plusieurs gogues. On appelle gogue une espèce de boudin fait avec le gros boyau que l'on remplit de sang et de choux cuits ensemble. Nous avons bien des fois mangé de ce mets que nous avons toujours trouvé délicieux. Les charcutiers des villes ignorent ce que c'est que la gogue ;

4° La tête du porc ;

5° Le boudin.

Le tout est arrosé de quelques litres de vin que l'on va chercher au cabaret. Heureux habitants de la chaumière! votre festin vaut mieux que celui des grands. Vous êtes en famille; vous êtes avec des amis; vous oubliez un instant vos rudes labeurs, ou plutôt vous en faites au dîner le sujet de votre conversation; vous vous séparez en vous promettant de vous réunir bientôt chez un autre. Jamais rien de semblable ne s'est vu dans les villes; là, on se réunit à la taverne, on y boit, on mange le salaire de la semaine; on laisse de côté la famille, on se dégrade, on s'avilit; on ne retrouve plus sa demeure, on est malade, et le lendemain on ne peut reprendre son travail. Que conclure de tout ceci: c'est que la vraie joie, les pures jouissances se goûtent à la campagne.

Quinze jours après cette solennité si joyeusement fêtée, on fait les grôles ou rillettes; on goûte aux andouilles. Cette fois ce n'est une fête que pour les enfants. Nous décrivons ici les usages de la Beauce, parce que c'est notre pays; nous connaissons moins les habitudes des autres contrées, mais nous présumons qu'elles se rapprochent des nôtres; s'il en était autrement, nous invitons à les imiter.

LIVRE IV.

CHAPITRE Ier.

DE LA BASSE-COUR.

Dans les campagnes, chaque chaumière a sa basse-cour; il est excessivement rare qu'il en soit autrement. Mais il y a bien des conseils à donner à ce sujet à toutes les ménagères, et nous craignons beaucoup de ne pas être écouté. D'abord, nous dirons que les poules sont une source de querelles fréquentes entre les voisins : voilà un fait que personne n'osera nier; comment pourrait-il en être autrement quand on demeure porte à porte et sans issue sur la campagne? De plus, quand les jardins sont ensemencés, quand les moissons touchent à leur maturité, il faut nécessairement tenir les poules enfermées; il est indispensable alors de les nourrir.

Quand tous ces inconvénients n'existent pas, elles volent dans les granges, dans les greniers, autour des meules de blé entassées dehors; qui peut alors se rendre compte de tous les dommages qu'elles causent? Dé plus, elles grattent, bouleversent le fumier déposé dans la cour, ce qui le détériore singulièrement, surtout en été, parce que la grande chaleur de la saison le dessèche plus aisément et empêche la fermentation nécessaire à la production du bon fumier. Qui pourrait alors exactement apprécier le dommage causé par les poules? Ce qu'on peut affirmer, c'est que la perte occasionnée par les poules est considérable en pareille circonstance. Sommes-nous en hiver? il faut les nourrir, c'est-à-dire dépenser beaucoup pour en retirer peu de profit, quelle que soit la cherté des œufs. On doit s'apercevoir que nous ne sommes pas partisan d'une basse-cour pour la chaumière; d'une autre côté, nous savons que les femmes aiment beaucoup à s'occuper de volailles, c'est-à-dire à beaucoup dépenser pour avoir très-peu: aussi nous garderons-nous bien de prononcer l'anathème sur la basse-cour; qu'on nous permette seulement de hasarder quelques conseils salutaires qui, s'ils sont suivis, rendront moins préjudiciable ce que les femmes croient être une source inépuisable de profit.

D'abord, voyez si votre basse-cour vous coûte plus qu'elle ne vous rapporte; il est facile de s'en assurer; voici comment: prenez note de tous les œufs pondus par vos poules dans le cours de l'année; ensuite, évaluez-en le prix moyen, cela composera l'actif de votre basse-cour ; le passif se composera de ce qu'elles vous auront coûté en nourriture.

Les poules pondent en moyenne de 30 à 40 œufs par an; supposons que vous en ayez six et un coq, vous avez donc par an de 15 à 20 douzaines d'œufs. Supposons qu'en moyenne vous vendiez la douzaine un franc, elles vous produiront donc de 15 à 20 francs. Or nous sommes convaincu qu'en hiver seulement on dépense au-delà de cette somme pour les nourrir ; s'il n'y a pas perte, on peut affirmer que le bénéfice est nul.

Si, malgré nos observations, qui nous paraissent fondées en raison, vous persistez à vouloir posséder une basse-cour, restreignez-en le nombre, et en hiver n'ayez que deux ou trois poules au plus : c'est assez.

CHAPITRE II.

DE LA PONTE.

Les jeunes poules commencent à pondre dès le mois de février, si l'hiver n'est pas trop rigoureux, et donnent plus d'œufs que les vieilles. On doit donc se défaire de celles-ci, ainsi que de celles qui cassent leurs œufs.

7

CHAPITRE III.

HEURE DES REPAS.

On donne à manger aux poules au lever et au coucher du soleil, et toujours dans le même endroit. On leur donne de l'avoine pur, de l'orge moulue, de la vesce, du millet, du pain, et tout le déchet résultant du criblage, du blé noir ou sarrazin quand on veut les faire pondre. On prétend que l'orge demi-cuite leur fait pondre de gros œufs.

CHAPITRE IV.

DURÉE DE LA COUVÉE.

L'incubation ou la couvée dure 21 jours; au bout de ce terme on visite la poule avec plus d'attention; on écoute si quelque poussin crie; le lendemain on compte le nombre des poulets et on ôte les coques des petits éclos restées dans le nid. Si nous n'entendons pas crier au bout de trois semaines, c'est que les œufs sont clairs ou ne valent rien, accident qui peut survenir par un coup de tonnerre. Ne croyez pas à cette sotte et ridicule superstition qui consiste à penser qu'on n'aura pas de poulets si l'on n'a pas eu soin de mettre un clou avec les œufs. Que peut donc faire le clou ? quand on sait que le fer attire l'électricité et en est bon conducteur, comment expliquer alors qu'il met les œufs à l'abri du danger ? Néanmoins, comme toutes ces vieilles croyances renferment presque toujours un fonds de vérité, on peut et on doit se demander ce qui a pu les faire naître et les vulgariser au point de devenir générales. Voici, ce nous semble, la raison qu'on en peut donner : la poule effrayée par l'orage s'agite, remue violemment et peut casser ses œufs, ce qui ne peut avoir lieu si les œufs sont séparés par un corps quelconque; mais un seul clou ne peut produire cet effet, ce serait un miracle : séparez-les avec du son ou du fleurin, alors vous aurez raison.

Lorsque les poulets sont éclos, on les met au fond d'une futaille et on leur donne de temps en temps un peu d'air ; le lendemain, on les transporte sous une espèce de cage qu'en Beauce on appelle mue et on l'expose au soleil ; on les nourrit pendant 15 jours avec du pain émié, de l'orge bouillie ou du millet cru, ou des feuilles de poireau hachées bien menues, et on leur donne à boire de l'eau bien pure. On les fait sortir de temps en temps, mais jamais par un mauvais jour. Quand la couvée a lieu avant le mois de mars, ne donnez qu'une douzaine d'œufs ; allez jusqu'à 15 dans le mois de mars ; mais durant le mois d'avril et ceux qui suivent, mettez-en autant que la poule en peut couvrir ; n'employez à la couvée que les poules qui ont plus de deux ans, et qui ne sont pas farouches. S'il arrive que deux couveuses se trouvent finir en même temps leur incubation, confiez à une seule les poussins des deux, et employez l'autre à couver de nouveau ; il faut dans ce cas réserver celle qui vous semble la plus convenable. C'est là une méthode que beaucoup de ménagères ignorent dans les campagnes. Disons en finissant que les poulets coûtent plus au vendeur qu'à l'acheteur.

CHAPITRE V.

CONSERVATION DES ŒUFS.

On peut conserver les œufs aussi longtemps qu'on le voudra, en recouvrant la coque d'une dissolution gommeuse qui puisse la rendre impénétrable à l'air. La glu qui vient sur les cerisiers, les pruniers, les abricotiers peut servir à cet usage ; on la fait dissoudre dans l'eau chauffée au feu ; on laisse refroidir la dissolution, puis on y plonge les œufs qu'on veut conserver.

On arrive au même résultat en les plongeant,

soit dans l'huile, soit dans l'eau de chaux, ou en
les mettant simplement dans du sablon bien fin.
Ce qui fait gâter les œufs, c'est l'air qui pénètre à
travers la coque. Le seul moyen de les conserver,
c'est donc d'empêcher l'air d'y pénétrer.

CHAPITRE VI.

POULARDES.

On appelle poulardes des poules que l'on engraisse dans le mois de janvier et de février en
leur coupant les grosses plumes, en les enfer-
mant dans un lieu séparé et en les nourrissant
avec la pâte d'orge, de millet, du son et de l'avoine.
On choisit pour les engraisser les poules qui sont
ergotées comme le coq, qui chantent, grattent et
appellent comme lui. Le chapon est le coq engraissé
après la castration. Le poulet le meilleur à manger
est celui de deux à trois mois. Nous dirons encore
des poulardes ce que nous avons dit des poulets :
l'acheteur a plus de profit que l'engraisseur. Dans
certains pays (nous regrettons de ne pas voir cet
usage s'établir en Beauce), les ménagères élèvent
dans la même basse-cour des dindons qu'on engraisse avec des boulettes de pommes de terre,
de farine d'orge, de maïs ou blé de Turquie,

de châtaignes cuites et pelées, quand on est dans un pays où l'on récolte ce fruit.

Il est certaines contrées où l'on construit des poulaillers roulants dans lesquels on mène les poules au milieu des champs; c'est une excellente chose, qui permet de retirer quelque profit de la basse-cour. On va les enfermer tous les soirs et leur ouvrir la porte chaque matin ; toute la journée elles trouvent leur nourriture dans les champs ; graines et insectes. Il est inutile d'ajouter que cela n'est praticable qu'après la moisson, quand toutes les récoltes de grains sont rentrées.

LIVRE V.

HYGIÈNE.

On entend par hygiène l'art de conserver la santé. Ce titre seul indique l'importance, de cet avant-dernier livre de notre ouvrage. On devra souvent y recourir, le relire attentivement et suivre les conseils et les préceptes qu'il contient. Nous passerons en revue les aliments, les boissons, les vêtements, les médicaments les plus usuels, la propreté si essentielle à notre santé, si négligée dans les campagnes.

CHAPITRE Iᵉʳ.

LES ALIMENTS.

Les principaux aliments des campagnes sont :

Le pain de ménage, la viande de porc, le bouillon, les légumes, le fromage. Nous dirons à toutes les ménagères : ayez toujours du pain de bonne qualité, bien fait, bien cuit, c'est votre principale nourriture : vos travaux sont rudes, vous avez besoin de réparer vos forces épuisées ; pourquoi vous refuseriez-vous du pain appétissant ? Ayez une bonne mouture provenant d'un mélange d'orge et de blé ou de seigle ; que le grain destiné à vous faire de la farine soit bien nettoyé, pur de toute graine pouvant communiquer au pain une mauvaise couleur et souvent un mauvais goût : telle que graine de poireau sauvage, queue de renard ou mélampyre, alène, etc. ; surtout, craignez l'ergot de seigle. Entrons à ce sujet dans quelques détails.

On appelle ergots de seigle, certains grains qui s'allongent outre mesure et affectent la forme d'un ergot de coq ; ils sont d'une couleur violacée à l'extérieur : c'est un poison violent ; s'il s'en trouvait une certaine quantité dans la farine, ceux qui en mangeraient le pain s'exposeraient à des douleurs atroces dans les articulations, douleurs accompagnées de convulsions et suivies bientôt après de la gangrène. Le maïs est comme le seigle sujet à cette maladie ; le blé est souvent atteint, ainsi que l'orge, de la carie et de la nielle ; ce sont des champignons vénéneux. Gardez-vous d'employer par économie toutes ces graines dangereuses.

La femme de ménage doit par dessus tout savoir manipuler sa pâte, la faire lever, y mettre une certaine quantité de sel, chauffer son four au

degré de chaleur convenable : voilà des connaissances simples, faciles à acquérir et indispensables pour obtenir de bon pain.

Ne cuisez jamais pour trois semaines : en été,
le pain se durcit à un tel point qu'il n'est plus
mangeable, de plus il moisit et devient mal sain.
Nous savons que vous n'agissez ainsi que par économie de chauffage ; voilà une économie blâmable,
coupable même puisqu'elle atteint directement
votre santé, et vous en avez si grand besoin pour
accomplir votre tâche de chaque jour. N'oubliez
pas que toute moisissure est une espèce de cham-
pignon toujours dangereux. Nous donnerions ici
un conseil, si nous étions sûr qu'il fût suivi :
vivez en bonne intelligence avec vos voisines, cuisez ensemble tous les huit jours, vous aurez toujours d'excellent pain et vous ne dépenserez pas
plus de bois que si vous cuisiez seules toutes les
trois semaines ; voilà le cas de dire que l'union
fait la force : elle produit aussi l'économie.

CHAPITRE II.

POT-AU-FEU ET BOUILLON.

Mettez régulièrement le pot-au-feu deux fois
par semaine, toujours avec des légumes ; quand
vous cuisez, mettez au four un morceau de porc :

c'est une viande délicieuse que la viande rôtie, elle est saine, substantielle et plus nourrissante que la viande cuite au pot; car alors la plus grande quantité des principes nutritifs passent dans le bouillon, ce qui n'est pas perdu puisqu'on en fait de la soupe. En été, mettez au frais, c'est-à-dire à la cave, votre viande et votre bouillon ; pour mieux conserver ce dernier, jetez-y 3 ou 4 charbons, puis couvrez hermétiquement le vase qui le contient ; le charbon a la propriété d'absorber les gaz à mesure qu'il se forment et ne peut communiquer aucune impureté, aucune odeur. Vous aurez ainsi toujours une soupe excellente et sans odeur d'évent. Suivez exactement ces préceptes, votre propre santé et celle de vos enfants sera la meilleure récompense de vos soins.

CHAPITRE III.

FROMAGE.

Qui sait la quantité de fromages consommée dans les campagnes ! Après le pain, c'est le fromage, la viande n'est qu'un accessoire, c'est une raison de plus d'en soigner la confection. Nous demandons pardon d'avance à toutes nos excellentes ménagères de ce que nous allons leur dire de désagréable peut-être. Nous avons remarqué dans presque toutes les chaumières que les fromages à égoutter sont placés sur deux longs bâtons parallèlement suspendus au-dessus des têtes dans la chambre à coucher, qui souvent est l'unique pièce. Quelle malpropreté! quelle insalubrité! On n'y peut faire un pas sans recevoir sur la tête ou les vêtements le petit lait qui dégoutte. En été, des nuées de mouches obscurcissent la chambre, y bourdonnent nuit et jour, salissent les meubles, les rideaux, la vaisselle, les vitres ; on ne saurait servir un plat de soupe ou de viande sans y rencontrer quelques naufragées ; la cruche à la boisson présente aussi bon nombre de victimes! Il faut être doué d'un bon appétit et ressentir une soif bien vive pour ne pas éprouver de répugnance. Vous ne savez donc pas que ces milliers d'insectes déposent sur vos fromages et partout des milliers d'œufs, que ces œufs éclos donnent naissance à des milliers de vers qui fourmillent dans vos fromages, et qui se manifestent sur vos morceaux de viande ; quant aux mites qui attaquent de préférence les fromages secs, apprenez que ce sont des espèces d'araignées : croyez-vous que Dieu les ait créées pour entretenir la santé ? Encore une fois, n'est-ce pas là la plus insigne, la plus dégoûtante malpropreté ? Corrigeons-nous de ce défaut, notre santé y gagnera.

Mais comment faire? Où placer ses fromages?
Partout où vous voudrez, excepté dans votre habitation; qui empêche d'établir un léger hangar où
l'on disposera ce qu'il faut pour recevoir les fromages qui ont besoin d'égoutter encore, et d'ar-
ranger le tout de façon que les mouches ne puissent s'y reposer et y faire leurs œufs? Avec quatre
longs bâtons disposés parallèlement et recouverts
d'une toile d'emballage bien claire et à bon mar-
ché, ne peut-on pas presque sans frais établir
de longs chassis que l'on placera sous le hangar;
ni les oiseaux, ni les chats, ni les volailles ne pourront causer aucun dommage; alors plus de mites,
plus de vers dans vos fromages.

CHAPITRE IV.

BOISSON.

La sage providence de Dieu a donné à l'homme
de quoi étancher sa soif : l'eau pure est la meilleur boisson. Quand le besoin de la soif se fait
impérieusement sentir, soit dans la fièvre, soit
dans les chaleurs excessives de l'été, n'est-ce pas
l'eau pure qui nous désaltère le mieux, qui nous
fait le plus de plaisir? Mais ne commettons pas
d'imprudence : si nous avons trop chaud, ne re-
cherchons pas l'eau trop fraîche; il n'en faut pas

davantage pour attraper une fluxion de poitrine ; surveillons nos enfants qui, sans expérience encore, s'imaginent que le meilleur est ce qui cause le plus de plaisir. Si nous sommes obligés de rester dans les champs, emportons à boire et mêlons à notre boisson quelques gouttes de vinaigre ; mais que l'eau ne soit pas trop accidulée, elle nous ferait mal à l'estomac.

Il ne suffit pas de penser à soi, il faut encore veiller à la santé de ses bestiaux. En été, ne leur donnez jamais de l'eau sortant du puits ; elle les glacerait, et les bestiaux sont sujets aux mêmes maladies que nous. Tirez de l'eau le matin pour le soir : il nous semble avoir déjà donné ce conseil, mais on ne saurait trop le répéter. L'expérience a démontré que l'homme a besoin d'une boisson fermentée : elle est excitante et tonique. Le vin, la bière, le cidre, sont des boissons fermentées ; mais comme tout cela est cher, la campagne doit généralement y renoncer : elle peut faire et fait en effet des boissons fermentées très-agréables : on achète des pommes, on les concasse, puis on les met dans une futaille que l'on remplit d'eau ; la fermentation commence au bout de 8 jours ; au bout de 15 jours on peut tirer à boire : poires, pommes, prunes, genièvre, fruit cuit, cormes : tout cela peut être employé à cet usage, excepté les groseilles, qui donnent une boisson trop acide et nuisible à l'estomac ; certaines prunes ont aussi ce défaut. Les mûres des haies, les gratte-cul, ou fruit du rosier sauvage, fournissent aussi une saine boisson ; surtout que les fruits employés soient suffisamment mûrs, autrement la boisson serait funeste à la santé.

CHAPITRE V.

PROPRETÉ DE LA MAISON ET DE TOUTE L'HABITATION, ETC.

Que votre maison soit bien tenue; qu'on y voie régner une grande propreté ; lavez souvent à grande eau votre chambre à coucher; surtout en été, donnez de l'air, ouvrez les fenêtres, laissez vos lits exposés quelque temps à l'air avant de le faire, afin que tous les miasmes qui s'exhalent de nos corps, pendant la nuit, puissent être emportés au-dehors par la ventilation. Si les murs sont humides et salpêtrés, on ne peut pas vous conseiller d'abandonner votre demeure, il faut y rester forcément ; du moins, combattez autant que possible l'insalubrité de votre habitation par les seuls moyens qui restent en votre pouvoir : badigeonnez l'intérieur avec de l'eau de chaux, et renouvelez cette précaution chaque année ; faites en autant dans votre étable.

Apportez le soin le plus minutieux à l'entretien de la vaisselle, surtout des vases en cuivre et en plomb : car la malpropreté engendre l'oxidation, c'est-à-dire la rouille, et cette rouille est un poison violent ; ne laissez jamais refroidir vos aliments dans ces sortes de vases, il y aurait toujours danger d'empoisonnement.

Ayez toujours du linge blanc de lessive : aujourd'hui, pour faire la lessive, on se sert non-seulement de cendre, mais de chaux, de carbonate de soude et même de potasse ; toutes ces substances sont très-propres à nettoyer le linge le plus sale, le plus taché ; mais prenons-y bien garde, elles sont très-caustiques, très-brûlantes ; et, si la quantité employée est en excès, votre linge est consumé après trois ou quatre lessives. Avant de vous servir de tous ces sels corrosifs, sachez dans quelle proportion vous devez vous en servir. Le plus prudent pour vous est de vous servir de la cendre ; la cendre de chêne est la meilleure, parce qu'elle renferme une plus grande quantité de potasse que celle des autres bois. La plupart des ménagères intelligentes mettent la cendre en dessous du linge et non plus en dessus, le linge est moins exposé à être taché, la lessive ou comme on dit dans la Beauce le lessu tient en dissolution la potasse, qui seule a la propriété d'enlever les tâches de graisse ; laissez évaporer le lessu et vous trouverez au fond de la casse ou de la chaudière les cristaux de potasse. Si la cendre provenait de plantes marines brûlées, elles donneraient naissance à des cristaux de soude.

La potasse et la soude mêlées à une certaine quantité d'huile composent nos savons : la potasse donne des savons mous, la soude au contraire donne des savons fermes ; ce sont les meilleurs.

Digression.

Disons en passant, pour l'instruction de la plupart des gens du monde, que tout le verre se fabrique avec la potasse et la soude mélangées à une certaine quantité de sable ; le tout fondu ensemble donne le verre à bouteille, le verre à vitres, et ces belles glaces, les plus beaux cristaux, sont du verre fabriqué avec la plus pure potasse et le plus pure sable ; les autres proviennent de la soude.

Que vos enfants soient toujours proprement tenues, baignez-les dans l'été ; lavez-leur en toute saison la figure, les pieds et le cou ; ne vous oubliez pas vous-mêmes : la propreté est la condition essentielle de la santé. Quand on soigne ainsi les

enfants, on ne leur voit jamais ces maux, ces boutons, ces dartres farineuses, cette vermine qui ne
tourmentent que les enfants malpropres. Qu'ils
aient leurs repas réglés et qu'on ne les voie pas
mangeant toute la journée ; quand vous êtes pour
les coucher, lavez-leur encore les pieds, les mains
et la figure pour que leurs draps soient propres
plus longtemps et que la transpiration de la nuit
s'effectue plus aisément : car la peau remplit d'autant mieux sa fonction d'exhalation qu'elle est
tenue plus proprement. N'oubliez pas la chose
essentielle avant le repos de la nuit, la prière ;
ne l'oubliez pas non plus au réveil ; que le plus
âgé la fasse à haute voix pour tout le monde ; ensuite mettez-vous au travail et Dieu bénira vos
travaux de la journée.

Evitez la négligence autant que la recherche
dans la mise de vos enfants, ne les couvrez ni trop
ni trop peu ; on agit toujours sagement sous ce rapport si l'on se conforme au changement de saisons
et aux variations de température : c'est le seul moyen
d'éviter les rhumes en été et en hiver. Néanmoins,
ne les douilletez pas trop : il est bon de les accou-
tumer à toutes les températures ; c'est ainsi qu'ils
deviendront moins sensibles aux influences at-
mosphériques. Pour les enfants de la campagne,
la blouse est le vêtement par excellence ; qu'ils en

aient une pour tous les jours et une autre pour
le dimanche ; nous conseillons aux mères de famille de ne jamais faire une blouse sans ceinture,
pour deux raisons : premièrement, parce qu'avec
une ceinture les enfants sont mieux habillés et
moins embarrassés ; secondement, parce qu'ils
la salissent moins vite.

CHAPITRE VI.

SOINS A DONNER AUX MALADES.

Nous ne sommes pas toujours en bonne santé :
quand la maladie arrive, il faut soigner nos malades : c'est dans ces pénibles circonstances que
nous avons besoin de lumières pour ne pas ag-
graver par notre ignorance la situation de ceux
qui nous sont chers. Il faut savoir agir quelquefois
en attendant le médecin, et savoir appliquer avec
intelligence ce qu'il nous a prescrit après avoir vu
le malade.

Jusqu'à l'arrivée du médecin, tenons notre malade au lit, donnons-lui de la tisane à l'orge, au
chiendent, etc. ; s'il se plaint d'une douleur lo-
cale, appliquons un cataplasme à la farine de lin ;
s'il accuse un violent mal de tête, donnons un bain
de pieds avec un peu de sel ou de cendre, ou de

vinaigre dans l'eau. Surtout, faisons observer une diète absolue. Les gens de la campagne veulent toujours faire manger leur malade, c'est un tort très-grave et qui pourrait avoir de bien fâcheux résultats; ne l'oublions pas, la diète est le premier et le meilleur remède pour toutes les maladies.

Généralement, les boissons qu'ordonnera le médecin se préparent de trois manières : 1° par macération; 2° par décoction; 3° par infusion.

1° Faire macérer une plante, c'est la faire tremper dans l'eau pendant un certain temps;

2° Préparer une tisane par décoction, c'est faire bouillir la plante et ensuite tirer à clair; .

3° La préparer par infusion, c'est ne mettre la plante dans le vase que quand l'eau bout, l'enfoncer et puis la retirer du feu. Il faudra donc apporter la plus grande attention à ce que dira le médecin.

Une bonne mère de famille, une bonne épouse doit avoir chez elle sa petite pharmacie. Qu'avez-vous besoin d'aller payer bien cher au pharmacien des plantes qui poussent par tout et que Dieu dans sa bonté multiplie dans nos champs, dans nos jardins, autour de nos maisons, jusqu'au seuil de notre porte. Voici la liste des médicaments les plus usuels, les plus salutaires et que nous ne devons pas acheter, si nous les recueillons et les faisons sécher dans la saison.

— 116 —

CHAPITRE VII.

DES MÉDICAMENTS USUELS.

1° La fleur de sureau, si utile dans les inflammations des yeux et des paupières, dans les érysipèles et les feux de dents des enfants (infusion).

2° Les feuilles de mauves, si utiles en cataplasme, ou pour laver simplement une partie enflammée de notre corps (décoction).

3° Les fleurs de violette, si utilement employées pour faire de la tisane dans les toux invétérées (infusion).

4° L'orge et le chiendent, base de toute tisane rafraîchissante (décoction).

5° Les fleurs d'ortie blanche (en botanique, lamier blanc) sont en tisane d'un usage fréquent pour les jeunes filles de 14 à 15 ans et pour les femmes elles-mêmes (infusion).

6° Faisons aussi provision, au printemps, de fleurs de tilleul, que l'on prépare par infusion pour calmer la fièvre et les affections nerveuses.

7° Recueillons aussi la bourrache qui vient

dans les jardins, faisons la sécher, et quand le malade a besoin de transpirer, préparons par décoction une tisane avec cette plante.

8° Nos enfants ont-ils la jaunisse ou les pâles couleurs, faisons-leur boire de l'eau de rouille ou ferrée, qui s'obtient en faisant bouillir de l'eau avec des clous rouillés ou des morceaux de fer également rouillés. Surtout, n'employons jamais les remèdes de commères, presque toujours inutiles et très-souvent nuisibles.

Nous n'avons plus que quelques conseils à donner pour compléter la tâche que nous nous sommes imposée.

N'envoyez jamais vos enfants en pension dans les villes : ils ne peuvent qu'y perdre et jamais ils n'y gagnent. Les instituteurs de campagne en savent autant que ceux des villes et donnent une meilleure éducation, surtout si le curé ou le pasteur s'intéresse à l'école et la visite fréquemment.

Fermez votre porte aux mauvais livres, surtout ne lisez jamais aucun journal, c'est le pire de tous les mauvais livres. C'est à l'église ou au temple qu'on apprend ses devoirs de chrétien et de citoyen : respectez le saint jour du dimanche et élevez chrétiennement vos enfants.

Quand vous aurez accompli tous vos devoirs et que votre dernière heure sera arrivée, vous mourrez en paix avec Dieu et avec les hommes, laissant à vos enfants et à vos petits-enfants le précieux héritage de votre résignation, de votre courage et de vos bons exemples, et votre tombe ne sera jamais oubliée.

LIVRE VI.

CHAPITRE Ier.

DU DÉBOUCHOIR.

On appelle débouchoir une espèce de bâton d'une longueur qui ne dépasse guère un mètre et dont le charretier se sert pour déboucher, débarrasser sa charrue. J'ai vu bien des fois le charretier intelligent et soucieux des intérêts de son maître s'assurer si le champ n'avait point été diminué par l'un ou l'autre, ou l'un et l'autre des deux voisins. Pour cette vérification il emploie son débouchoir ; il sait combien le champ qu'il laboure doit avoir de fois la longueur de son unité ; c'est très-bien : mais ce bâton est une unité variable, qui ne peut donner rien d'exact, rien de bien déterminé, rien de précis : c'est à ce sujet que nous allons donner quelques développements qui, bien compris, épargneront bon nombre de citations en justice de paix ; car dans les campagnes le juge de paix est le plus souvent occupé à juger les différends qui s'élèvent entre voisins,. dont l'un retire à l'autre quelques sillons de terre.

1° Le débouchoir doit devenir une mesure régulière, légale, et pour cela il suffit de le convertir en mètre. Il peut être plus long, mais qu'il ne soit pas plus court qu'un mètre, et qu'il porte un clou en cuivre jaune à chaque décimètre ; quant aux centimètres, on pourra ne les pas marquer dans toute la longueur du débouchoir ; seulement, le premier décimètre portera les dix divisions, dont chacune sera marquée par des clous ordinaires ou noirs.

2° Pour s'apercevoir des retirages, le charretier, accompagné de son maître, mesurera les deux extrémités de chaque champ qu'il aura à labourer, et enregistrera cette mesure sur une petite plaque de bois de 5 centimètres de large sur 8 de long, où l'on inscrira exactement la longueur des deux extrémités du champ. Le laboureur conservera avec soin ces plaques dont le nombre égalera celui des pièces de terre dont se compose son exploitation.

Toutes les fois que le charretier ira labourer une pièce, il portera la plaque de cette pièce, et à l'aide de son débouchoir, il vérifira la longueur des deux extrémités et s'apercevra immédiatement si son champ est intact. Quoi de plus simple que cette méthode ?

Il peut arriver qu'une pièce de terre se termine à un champ sommier, alors si celui qui laboure ce champ sommier agrandit sa pièce par un retirage, il est évident qu'il ne diminue pas la largeur du champ adjacent, c'est-à-dire qui aboutit à sa pièce, mais il la diminue en longueur ; dans ce cas, la plaque ci-dessus mentionnée doit indiquer la longueur ; il serait à désirer que le maître de la ferme représentât sur la plaque, par quatre lignes, la forme approximative du champ.

Si le charretier sait la multiplication, il pourra savoir la contenance d'un champ régulier : il lui suffira de multiplier le nombre des mètres contenus dans la longueur par les mètres contenus dans la largeur.

Exemple : Soit un champ d'une longueur de 325 mètres et d'une largeur de 215 mètres.

Multiplions : 325 par 215.

$$
\begin{array}{r}
325 \\
215 \\
\hline
1625 \\
325 \\
650 \\
\hline
69875
\end{array}
$$

mètres carrés ou centiares.

Quand on multiplie la longueur par la largeur,

le produit de la multiplication exprime les mètres carrés ou centiares.

Le champ ci-dessus a donc une contenance de 69.875 mètres ou centiares.

Pour avoir les ares, on sépare deux chiffres à droite du produit ; le champ dont il est question a donc 698 ares 75 centiares.

Pour avoir les hectares, on sépare encore deux chiffres à droite du produit ; le champ dont il s'agit a donc 6 hectares 98 ares 75 centiares.

Nous avons l'intention de donner le modèle d'un débouchoir métrique : on le trouvera chez l'instituteur de la commune ; portez-lui votre débouchoir, il vous tracera le mètre comme il est indiqué.

Nous recommandons expréssement aux charretiers de ne pas lancer leur débouchoir sur leurs chevaux quand ils ralentissent leur marche régulière : ils peuvent les blesser ; il leur faut un fouet, qui n'offre point le même inconvénient.

La longueur du débouchoir varie en raison de la taille du charretier, entre 1 mètre 20 centimètres et 1 mètre 45 centimètres : l'alizier, le coudrier, l'orme et le chêne doivent en fournir le bois. Comme le débouchoir et le fouet sont deux accessoires indispensables à la charrue, ils doivent être fournis par le fermier. Quand le charretier aura un fouet pour activer la marche de ses chevaux, il demeurera responsable des accidents qui pourront survenir, s'il blesse ses chevaux en se servant de son débouchoir au lieu de son fouet.

CHAPITRE II.

CONSEIL AUX PROPRIÉTAIRES DE FERMES EN BEAUCE.

On retiendra d'autant mieux les ouvriers à la campagne qu'ils seront plus sûrs d'y pouvoir louer quelques morceaux de terre à cultiver en quantité suffisante pour y avoir une vache et pouvoir occuper la femme et les enfants. C'est là une vérité incontestable ; il s'agit seulement de multiplier le nombre des petites locatures (ce qui est déjà établi en Sologne) ; or, ce moyen pratique est facile aux grands propriétaires : ont-ils une ferme d'une contenance de 75 hectares et au-delà de terres labourables ? qu'ils établissent deux locatures de chacune 2 hectares et demi de terre, quantité qui permet d'avoir une vache ; il sera nécessaire de faire construire maisonnette, grange, étable et toit à porc : ce qui en Beauce exige peu de frais.

Les locatures dépendront nécessairement du fermier, qui ne louera qu'à un charretier ou à un berger ; il s'engagera de plus à cultiver les champs attachés à chaque locature et à rentrer les moissons ; au bout de l'année, les comptes seront aisés à régler, le fermier devra tant pour les gages du charretier et peut-être de quelques-uns de ses enfants ; le charretier devra tant au fermier pour la façon de ses terres et la rentrée des moissons ; on verra lequel des deux redoit à l'autre.

Ce système de patronnage unira les maîtres et les serviteurs par les liens d'une mutuelle dépendance ; le propriétaire n'y perd rien et le fermier y gagne des bras qui ne le quitteront plus.

Dans les régions où il n'y a que de grandes propriétés le nombre des malheureux est considérable ; c'est un état de choses qu'il importe essentiellement de faire cesser : deux moyens d'y parvenir.

1° Créer des locatures ; 2° morceler les grandes propriétées de manière à établir deux ou trois fermes, en subdivisant une ferme au-delà de 80 hectares

Vous attirerez bientôt une population nouvelle dans ces contrées désertes où je me suis promené souvent des jours entiers sans rencontrer personne. Que le propriétaire ne s'effraie pas des innovations que nous lui proposons, il augmentera sa fortune, tout en augmentant le bien-être des autres, et il pourra dire comme le grand Colbert, auquel on reprochait de s'être enrichi : je vous ai enrichis tous, pourquoi donc m'oublierais-je moi-même ?

CHAPITRE III.

AVIS AU GOUVERNEMENT.

La Sologne, depuis soixante ans, a subi une transformation presque complète : le défrichement des bruyères, le marnage, l'assainissement par la bonne culture, le creusage de fossés et de rigoles, le drainage, ont envahi des capitaux considérables ; l'amélioration a été lente et ruineuse. Aujourd'hui, le progrès est réel, et la réussite est assurée ; mais la Beauce est restée stationnaire ; ce qui lui manque, c'est l'eau ; ce qu'il lui faut, ce sont les canaux d'irrigation : où prendre l'eau ? point de rivières... Aujourd'hui, toutes les villes ont leurs fontaines, leurs bornes-fontaines, et les nombreuses rues peuvent être arrosées en un clin-d'œil.

Des hommes compétents, d'habiles ingénieurs, pourraient, après une étude approfondie du terrain de la Beauce, s'assurer si l'on ne pourrait pas creuser des puits ordinaires ou artésiens en assez grand nombre pour arriver au but que nous proposons ici.

Mais une pareille entreprise regarde un gouvernement soucieux des intérêts agricoles ; les sommes absorbées par l'exécution de cette œuvre éminemment utile et féconde en bons résultats, seraient bien inférieures à celles qu'exige le réseau projeté de tant de petits chemins de fer, utiles sans doute, mais d'une utilité tout-à-fait secondaire.

Concluons : l'irrigation et le drainage sont deux opérations qui regardent le gouvernement.

CHAPITRE IV.

AVIS AUX CONSEILLERS MUNICIPAUX
ET A L'INSPECTION DÉPARTEMENTALE.
COURS D'ADULTES.

Nous avons décrit tous les éléments de bonheur que renferme la vie champêtre, sous le rapport physique et moral ; nous croirions notre travail incomplet, si nous n'ajoutions l'élément intellectuel. Oui, nous voulons que l'habitant de la chaumière sache ce qu'il lui importe le plus de savoir : lire, écrire et calculer ; qu'il puisse développer suffisamment son intelligence et connaître ses devoirs : on les observe d'autant mieux qu'on en comprend l'importance.

On a fait beaucoup pour étendre et propager l'instruction primaire : c'est un fait inconstestable ; mais il reste encore à faire ; tant que les cours d'adultes resteront tels qu'ils sont aujourd'hui organisés, les trois quarts de la population seront privés des avantages qu'ils sont appelés à procurer : qu'on nous permette d'exposer nos idées a ce sujet.

Il y a trente ans, chargé de l'enseignement pédagogique à l'École Normale d'Orléans, jeune et plein de zèle, nous caressions une idée, nous la développions devant nos élèves ; nous faisions un plan dont l'exécution était difficile alors, à cause du trop petit nombre d'instituteurs, mais aujourd'hui d'une exécution très-facile ; il suffit pour cela d'un peu de dévoûment de la part du maître-adjoint, et d'un faible sacrifice de la part du Conseil municipal de chaque commune. Voici le plan :

Dans une commune d'une grande étendue et composée de plusieurs villages et hameaux considérables, comment les ouvriers, les journaliers et les domestiques peuvent-ils suivre les cours d'adultes, faire une demie-lieue, trois-quarts de lieue, une lieue quelquefois, pour aller au bourg, et cela en hiver après une journée de fatigue? c'est impraticable, c'est impossible : les seuls habitants du bourg en profitent.

Ne serait-il pas très-facile de charger le maître-adjoint à l'instituteur (il y en a dans toutes les fortes communes) d'aller chaque soir tour-à-tour dans les hameaux un peu éloignés du bourg? chaque hameau aurait l'école du soir une ou deux fois par semaine : ce jeune homme de vingt à vingt-trois ans, plein de zèle et de forces, stimulé par un petit supplément de traitement, remplirait sa tache avec ardeur, dans l'espérance d'en être récompensé plus tard par l'administration académique, qui ne le perdrait pas de vue et lui donnerait une bonne école.

Outre les maîtres-adjoints, MM. les inspecteurs pourraient encore charger de cette mission soit les instituteurs retraités, qui, pendant l'hiver, trouveraient ainsi un supplément à leur revenu insuffisant; soit aussi des élèves de 3e année, qui iraient tour-à-tour passer huit jours hors de l'école et feraient l'école d'adultes dans les gros villages éloignés du bourg.

Enfin, dans les petites communes où l'instituteur a très-peu d'enfants, et dont par conséquent l'école est peu fatigante, ce même instituteur

pourrait aller instruire les adultes dans les hameaux trop éloignés; je laisse à MM. les inspecteurs d'académie la combinaison de ce plan,
dont l'exécution ne me paraît point impossible.
Tout gouvernement doit chercher les moyens
de répandre l'instruction dans les campagnes,
et j'ajoute que l'on pourrait compter sur le
concours des curés et des pasteurs pour une
si bonne œuvre.

Voilà pour les jeunes gens, pour les hommes;
mais pour les jeunes filles, pour les femmes, que
faire? la difficulté n'échappe à personne. Il y a
également des suppléantes dans les écoles de filles;
mais on ne peut d'une jeune fille exiger ce que
l'on peut imposer à un jeune homme.

Quel plan faut-il dresser? voici le nôtre, sauf
meilleur avis : dans ce cas, on réunirait les deux
sexes sous la présidence d'un adjoint ou du maire :
en république, il faut du zèle dans les administra-
teurs; ou bien le cours n'étant que d'une heure,
les jeunes gens succéderaient aux filles.

Mais où ferait-on l'école? chaque habitant du
hameau se prêtera volontiers au sacrifice; chaque
laboureur peut fournir un local, ne serait-ce que
la salle à manger des domestiques : voilà, ce nous
semble, le problème résolu.

Là se termine nécessairement notre œuvre ; car nous n'avons rien omis de ce qui peut contribuer au bien-être physique moral et intellectuel des bons habitants de la campagne, et nous aurons justifié jusqu'au titre du livre :

LE CONSEILLER DE LA CHAUMIÈRE.

TABLE DES MATIÈRES

CONTENUES DANS CE VOLUME.

LIVRE III.

DU COCHON.

IMPRIMERIE ET LITHOGRAPHIE E. CHENU, A ORLÉANS.

OUVRAGES DU MÊME AUTEUR :

L'Explicateur grammatical sous forme de Dictionnaire.

Vie de J.-C., ouvrage approuvé par le Conseil de l'Instruction publique.

Petite Histoire de France mnémonisée.

IMPRIMERIE ET LITHOGRAPHIE E. CHENU, A ORLÉANS.

BIBLIOTHEQUE NATIONALE DE FRANCE

3 753102195964 9

www.ingramcontent.com/pod-product-compliance
Lightning Source LLC
Chambersburg PA
CBHW071809090426
42737CB00012B/2010